Himlen II

"De tolv porte var tolv perler,
hver af portene var af én perle.
Og byens gade var af det pure guld som gennemsigtigt glas."
(Johannesåbenbaringen 21:21)

Himlen II

Fyldt af Guds Herlighed

Dr Jaerock Lee

URIM BOOKS

Himlen II af Dr Jaerock Lee
Udgivet af Urim Books (Repræsentant: Seongnam Vin)
73, Yeouidaebang-ro 22-gil, Dongjak-gu, Seoul, Korea
www.urimbooks.com

Medmindre andet bemærkes er alle citater fra Bibelen, Det Danske Bibleselskab, 1997.

Tidligere udgivet på koreansk af Urim Books i 2002

Første udgivelse: Maj, 2017

Previously published into Korean by Urim Books in 2002

Redigeret af Dr. Geumsun Vin
Design: Redaktionsbureauet ved Urim Books
Tryk: Prione Printing
For yderligere information: urimbook@hotmail.com

Indledning

Med bøn om at du må blive Guds sande barn og dele den sande kærlighed i evig lykke og glæde i Ny Jerusalem, hvor Guds kærlighed findes i overflod...

Jeg takker og ærer Fader Gud, som klart har åbenbaret for mig, hvordan livet er i himlen, og som har velsignet os til at udgive *Himlen I: Så Klar og Smuk som Krystal,* og nu *Himlen II: Fyldt med Guds Herlighed.*

Jeg har længe længtes efter at få detaljeret viden om himlen, og jeg har vedholdende bedt og fastet. Efter syv år har Gud endelig besvaret mine bønner, og nu åbenbarer han dybe hemmeligheder om det spirituelle rige.

I første del af den todelte serie om Himlen, introducerede jeg kortfattet de forskellige opholdssteder i himlen, og kategoriserede dem som henholdsvis Paradis, det Første Rige, det Andet Rige, det Tredje Rige og Ny Jerusalem. I denne anden del vil det smukkeste og herligste opholdssted i hele himlen, Ny Jerusalem, blive undersøgt nærmere.

Kærlighedens Gud viste Ny Jerusalem til apostelen Johannes, og lod ham skrive om det i Bibelen. I dag, hvor Jesu komme er forestående, øser Gud sin Helligånd ud over utallige mennesker og åbenbarer himlen i stor detaljerigdom. Det sker, for at de ikke-troende over hele verden vil få tro på efterlivet, som består af himlen og helvede, og for at de, som bekender deres tro på Kristus, må føre triumferende liv i ham og være vedholdende med at udbrede budskabet over hele kloden.

Det var derfor apostelen Paulus, som var førende i at udbrede buskabet blandt ikke-jøderne, formanede sin spirituelle søn Timotheus med ordene: *"Men du, hold altid hovedet koldt, bær dine lidelser, gør din gerning som evangelist og fuldfør din tjeneste"* (Andet Timotheusbrev 4:5).

Gud åbenbarede tydeligt himlen og helvede for mig, sådan at jeg kunne udbrede denne redegørelse om de kommende tider til alle fire verdenshjørner. Gud ønsker, at alle mennesker skal modtage frelsen; han ønsker ikke, at så meget som en eneste sjæl skal falde i helvede. Desuden ønsker Gud, at så mange mennesker som muligt skal komme til Ny Jerusalem og tage bolig dér til evig tid.

Man bør derfor ikke dømme eller fordømme disse gudgivne budskaber, som er blevet åbenbaret gennem Helligåndens inspiration.

I *Himlen II* vil man finde en lang række hemmeligheder vedrørende himlen såsom udseendet af Gud, som har eksisteret siden før tidens begyndelse, Guds trone og lignende. Jeg tror, at sådanne detaljer og redegørelser til give alle de mennesker, som har et oprigtigt håb om himlen, en enorm lykke og glæde.

Byen Ny Jerusalem, som er konstrueret med Guds umådelige kærlighed og forbløffende kraft, er fyldt med hans herlighed. I Ny Jerusalem ligger det spirituelle højdepunkt, hvor Gud formede sig selv som treenigheden for at udføre den menneskelige kultivering, og dér står også Guds trone. Kan man forestille sig, hvor storslået, smukt og klart dette sted må være? Det er et så fantastisk og helligt sted, at man med menneskelig viden slet ikke kan forestille sig det!

Man må derfor indse, at Ny Jerusalem ikke opnås af alle, som bliver frelst. Den gives kun til de af Guds børn, som efter at have fået deres hjerter kultiveret i denne verden i lang tid, er blevet så klare og rene som krystal.

En særlig tak til Geumsun Vin, Direktør for forlaget og til forlagets personale, samt til oversættelsesbureauet.

Jeg velsigner i Herrens navn, at enhver, som læser denne bog, må blive Guds sande barn og dele den sande kærlighed i evig lykke og glæde i Ny Jerusalem, som er fyldt med Guds kærlighed!

Jaerock Lee

I håb om at du må blive velsignet til at opdage de mest strålende detaljer om Ny Jerusalem og hvile til evig tid så tæt som muligt på Guds trone i himlen...

Jeg takker og ærer Gud, som har velsignet os til at udgive *Himlen I: Så Klar og Smuk som Krystal* og nu opfølgningen *Himlen II: Fyldt med Guds Herlighed.*

Denne bog består af ni kapitler, hvoraf alle leverer en klar beskrivelse af det helligste og smukkeste opholdssted i himlen, Ny Jerusalem. Byen beskrives med hensyn til størrelse, pragt og det liv, som leves der.

Kapitel 1, "Ny Jerusalem: Fyldt med Guds herlighed" leverer et overblik over Ny Jerusalem og forklarer om hemmeligheder såsom Guds trone og højdepunktet af det spirituelle rige, hvor Gud selv formede sig som treenigheden.

Kapitel 2, "Navnene på de tolv stammer og de tolv apostle", forklarer, hvordan byen Ny Jerusalem fremtræder udefra. Den er omgivet af en høj og mægtig mur, og navnene på Israels tolv stammer er indgraveret i byens tolv porte på alle fire sider. De tolv fundamenter for byen bærer navnene på de tolv apostle, og begrundelsen for samt betydningen af dette vil blive klarlagt.

I kapitel 3, "Størrelsen på Ny Jerusalem", vil man opdage Ny Jerusalems fremtrædelse og dimensioner. Dette kapitel forklarer, hvorfor Gud opmåler størrelse på Ny Jerusalem med en målestok af guld, og at de nødvendige spirituelle kvalifikationer, man må besidde for at komme i Ny Jerusalem, også opmåles med en målestok af guld.

Kapitel 4, "Lavet af det pure guld og juveler i alle farver", undersøger i detaljer de materiale, hvormed Ny Jerusalem er bygget. Hele byen er dekoreret med rent guld og andre ædelstene, og kapitlet beskriver farvernes skønhed, glans og lys. Desuden forklares grunden til, at Gud udsmykkede bymurene med jaspis og hele Ny Jerusalem med rent guld, der er så klart som glas. Endelig diskuterer kapitlet vigtigheden af spirituel tro.

I kapitel 5, "De tolv grundstens betydning" lærer man om murene i Ny Jerusalem, som er bygget på tolv fundamenter, og om skønheden og den spirituelle betydning af jaspis, safir, kalkedon, smaragd, sardonyks, sarder, krysolit, beryl, topas, krysopras, hyacint og ametyst. Når man opsummerer den spirituelle betydning af hver af de tolv juveler, vil man mærke Jesu hjerte og Guds hjerte. Dette kapitel tilskynder til at opnå det hjerte, som symboliseres af de tolv juveler, sådan at man kan komme i Ny Jerusalem og hvile der til evig tid.

Kapitel 6, "De tolv perleporte og den gyldne vej" forklarer årsagen til og den spirituelle betydning af at Gud har lavet de tolv perleporte samt den spirituelle betydning af den gyldne vej, der er så klar som glas. Ligesom en musling danner en smuk perle efter at have udholdt stor smerte, opmuntrer dette kapitel os til at løbe mod de tolv perleporte i Ny Jerusalem ved at overvinde alle salgs vanskeligheder og prøver med tro og håb.

Kapitel 7, "Det charmerende skue" tager os med indenfor bymurene i Ny Jerusalem, hvor der altid er klart lys. Man vil lære den spirituelle betydning af frasen: "Gud og Lammet er dets tempel", og om størrelsen og skønheden af det slot, hvor Herren bor, samt den herlighed, som folk vil nyde i Ny Jerusalem, hvor de skal tilbringe evigheden sammen med Herren.

Kapitel 8, "Jeg så den hellige by, Ny Jerusalem", introducerer et hus til en person, som er blandt de mange, som vil have levet et trofast og helligt liv på jorden, og som vil modtage store belønninger i himlen. Man vil på et indtryk af de lykkelige dage, som venter i Ny Jerusalem ved at læse om de himmelske huses størrelse og pragt, de mange faciliteter og den generelle livsstil i himlen.

Niende og sidste kapitel: "Den første fest i Ny Jerusalem" tager os med den den første fest, som bliver holdt i Ny Jerusalem efter dommen fra den hvide trone. Først introduceres nogle af de forfædre i troen, som hviler tæt ved Guds trone, og *Himlen II* afsluttes med at velsigne hver læser til at få et hjerte så rent og klart som krystal, sådan at han eller hun må hvile tættere ved Guds trone i Ny Jerusalem.

Jo mere man lærer om himlen, jo mere forunderlig vil den virke. Ny Jerusalem, som kan betragtes som "kernen" i himlen, er stedet, hvor Guds trone står. Hvis man kender til skønheden og herligheden i Ny Jerusalem, vil man helt sikkert have et inderligt håb om himlen og være fokuseret på sit liv i Kristus.

Da tiden for Jesu genkomst, som vil finde sted, når han er færdig med at berede boliger i himlen til os, er ekstremt nær i dag, håber jeg, at du også vil forberede dig på det evige liv i himlen med *Himlen II: Fyldt med Guds Herlighed.*

Jeg beder i Herren Jesu Kristi navn om at du vil blive i stand til at hvile tæt ved Guds trone ved at helliggøre dig med inderligt håb om livet i Ny Jerusalem og ved at være trofast overfor alle dine gudgivne pligter.

Geumsun Vin,
Direktør for forlaget

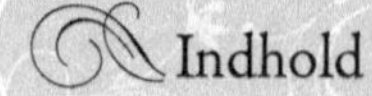Indhold

Kapitel 1

Ny Jerusalem:
Fyldt med Guds herlighed

1. I Ny Jerusalem står Guds trone

2. Guds oprindelige trone

3. Lammets brud

4. Skinnende som juveler og klar som krystal

Himlen er et rige i den firedimensionale verden, regeret af selveste kærlighedens og retfærdighedens Guds. Selv om den ikke er synlig med det blotte øje, så eksisterer himlen helt sikkert. Der vil være en overflod af lykke, glæde, taknemmelighed og herlighed i himlen, da den er den bedste gave Gud har forberedt til sine børn, som har modtaget frelsen.

Men der er forskellige opholdssteder indenfor himlen. Der er Ny Jerusalem, hvor Guds trone står, og der er også Paradis, hvor folk, som kun med nød og næppe har opnået frelse, vil være til evig tid. Ligesom der er stor forskel på livet i en hytte og livet på et slot på denne jord, er der stor forskel på herligheden, alt efter om man kommer i Paradis eller i Ny Jerusalem.

Ikke desto mindre er der nogle troende, som regner "himlen" og "Ny Jerusalem" for det samme, og nogle af den ved ikke engang, at Ny Jerusalem eksisterer. Hvor er det trist! Det er ikke nemt at komme til at besidde himlen uden at kende til den. Hvordan kan man så komme til Ny Jerusalem uden at vide noget om denne by?

Derfor har Gud åbenbaret Ny Jerusalem for apostelen Johannes og ladet ham skrive detaljeret om den i Bibelen. Johannesåbenbaringen 21 fortæller udførligt om Ny Jerusalem, og Johannes blev rørt bare ved at se byen udefra.

Han bekræftede i Johannesåbenbaringen 21:10-11 *"Og englen førte mig i Ånden op på et stort, højt bjerg og viste mig den hellige by, Jerusalem, der kom ned fra himlen, fra Gud, med Guds herlighed. Dens stråleglans er som den dyreste ædelsten, som krystalklar jaspis."*

Hvordan kan det være, at Ny Jerusalem er fuld af Guds

herlighed?

1. I Ny Jerusalem står Guds trone

I Ny Jerusalem står Guds trone. Hvor må Ny Jerusalem være fuld af Guds herlighed, når selveste Guds opholder sig der!

Man kan se i Johannesåbenbaringen 4:8, at folk takker og ærer Gud dag og nat: *"De fire væsener havde hver seks vinger, fulde af øjne hele vejen rundt og på indersiden, og de siger uden ophør dag og nat: 'Hellig, hellig, hellig er Herren, Gud den almægtige, han som var og som er og som kommer.'"*

Ny Jerusalem kaldes også den "Hellige By", for den dannes på ny med Guds ord, som er sandt, skyldfrit og lyset selv, og der findes intet mørke i det.

Jerusalem er det sted, hvor Jesus, som kom i kød for at åbne vejen til frelse for menneskeheden, prædikede budskabet og opfyldte loven med kærlighed. Derfor byggede Gud Ny Jerusalem som opholdssted for at alle troende, som opfylder loven med kærlighed.

Guds trone står i centrum af Ny Jerusalem

Så hvor i Ny Jerusalem står Guds trone? Svaret på dette afsløres for os i Johannesåbenbaringen 22:3-4:

"Og der skal ikke mere være nogen forbandelse. Men Guds og Lammets trone skal stå i byen, og hans tjenere skal tilbede ham, og de skal se hans ansigt og

bære hans navn på deres pande."

Guds trone står i centrum af Ny Jerusalem, og kun dem, som adlyder Guds ord som lydige tjenere, kan komme der ind og se Guds ansigt.

Det skyldes, at Gud har sagt til os i Hebræerbrevet 12:14: *"Stræb efter fred med alle og efter den helligelse, uden hvilken ingen kan se Herren."* Og i Matthæusevangeliet 5:8: *"Salige er de rene af hjertet, for de skal se Gud."* Man bør derfor indse, at ikke alle kan komme i Ny Jerusalem, hvor Guds trone står, ligesom ikke alle kan komme ind i det rum eller den bygning, hvor præsidenten eller kongen opholder sig, og stå ansigt til ansigt med ham.

Hvordan ser Guds trone ud? Nogle tror måske, at den ligner en stor stol, men sådan er det ikke. I snæver betydning er den det sæde, hvorpå Gud sidder, men i bred betydning står tronen for Guds opholdssted.

Guds trone henviser således til Guds bolig, og rundt om hans trone i centrum af Ny Jerusalem er der regnbuer og fireogtyve ældstes troner.

Regnbuer og de fireogtyve ældstes troner

Man kan fornemme skønheden, pragten og størrelsen af Guds trone i Johannesåbenbaringen 4:3-6:

"Og han, som sad på tronen, var at se til ligesom jaspis og sarder, og der var en regnbue rundt om hans trone, at se til som smaragd. Og rundt om tronen stod

*fireogtyve troner, og på tronerne sad fireogtyve ældste
i hvide klæder og med guldkrone på hovedet. Fra
tronen kom der lyn og brag og torden, og foran tronen
stod der syv brændende fakler – de er Guds syv ånder.
Foran tronen var er noget ligesom et glashav så klart
som krystal. Og rundt om tronen midt for siderne var
der fire levende væsener fulde af øjne både for og bag."*

Mange engle og den himmelske skare tjener Gud. Der er også
mange andre spirituelle væsener såsom keruber og de fire levende
væsner, som vogter ham.

Og der er et glashav spredt ud foran Guds trone. Dette syn er
meget smukt med de mange slags lys, som omgiver Guds trone,
og som reflekteres i glashavet.

Hvordan er de fireogtyve ældste placeret rundt om Guds
trone? Tolv af dem er placeret bag Herren, og de andre tolv bag
Helligånden. Disse fireogtyve ældste er hellige individer, som har
retten til at vidne for Gud.

Guds trone er så smuk, pragtfuld og storslået, at det ligger
uden for menneskelig forestillingsevne.

2. Guds oprindelige trone

Apostlenes Gerninger 7:55-56 redegør for, hvordan Stefanus
ser Lammets trone på højre side af Guds trone.

*"Men fuld af Helligånden stirrede Stefanus mod
himlene, og han så Guds herlighed og Jesus stående*

ved Guds højre side. Og han sagde: 'Nu ser jeg himlen
åben og Menneskesønnen stå ved Guds højre side.'"

Stefanus blev martyr ved at blive stenet, mens han modigt prædikede om Jesus Kristus. Lige før Stefanus døde blev hans spirituelle øjne åbnet, og han kunne se Herren, som stod på højre side af Guds trone. Herren kunne ikke sidde roligt vel vidende, at Stefanus snart ville blive gjort til martyr af de jøder, som havde lyttet til hans budskab. Så Herren rejste sig fra sin trone og fældede tårer ved synet af Stefanus, som blev stenet til døde, og Stefanus så denne scene med sine åbne, spirituelle øjne.

På samme måde så Stefanus Guds trone, hvor Gud og Herren var, og man må forstå, at denne trone er anderledes end den, som apostelen Johannes så i Ny Jerusalem.

I gamle dage byggede kongens tjenere et sted, som mindede om paladset, hvor kongen kunne opholde sig midlertidigt, når en konge forlod sit palads for at rejse rundt i landet og møde folk. På samme måde er Guds trone i Ny Jerusalem ikke Guds faste bolig, men et midlertidigt opholdssted.

Gud eksisterede alene som lys

Gud eksisterede alene, og omfattede hele universet før tidens begyndelse (Anden Mosebog 3:14; Johannesevangeliet 1:1; Johannesåbenbaringen 22:13). Universet var dengang ikke det samme som det, vi nu ser med vores øjne, for der var kun et enkelt rum før opdelingen i en spirituel og en fysisk verden. Gud eksisterede som lys, og skinnede på hele universet.

Han var ikke bare en lysstråle, men eksisterede som skinnende smukke lys, der var ligesom rindende vand i regnbuens farver. Man kan måske bedre forstå det ved at tænke på de nordlys, der ses nær nordpolen. Et nordlys er en gruppe af forskellige farver af lys, der er spredt ud som et gardin, og det siges af være et syn så smuk, at når man først har set det, så glemmer man aldrig dets skønhed.

Lyset fra Gud, som er lyset selv, vil være endnu smukkere, og hvordan kan vi udtrykke skønheden ved samspillet af så mange smukke lys?

Det er derfor, der står i Første Johannesbrev 1:5: *"Og dette er det budskab, som vi har hørt af ham og bringer videre til jer: Gud er lys, og der er intet mørke i ham."* Når der står, at "Gud er lys", er det ikke kun for at udtrykke den spirituelle betydning af, at Gud ikke har noget mørke, men også for at beskrive Guds fremtoning, da han eksisterede som lys før begyndelsen.

Denne Gud, som før tidens begyndelse eksisterede alene som lys i universet, var fyldt med stemme. Gud eksisterede som lys fyldt med stemme, og denne stemme er "ordet", som Johannesevangeliet 1:1 henviser til: *"I begyndelsen var Ordet, og Ordet var hos Gud, og Ordet var Gud."*

På det sted, hvor Gud eksisterede som lys med en harmonisk stemme, er der forskellige steder hvor Faderen, Sønnen og Helligånden kan hvile sig hver for sig. I det område, hvor Guds oprindelige trone står, er der et sted til hvile, rum til at have samtaler, og stier til at spadsere.

Kun helt særlige engle og de mennesker, som har Guds hjerte, har adgang til dette sted. Stedet er adskilt, mystisk og sikkert. Desuden er det sted, hvor Gud Treenighedens trone står, placeret i det rum, hvor Gud eksisterede alene i begyndelsen, og ligger i den

Fjerde Himmel, adskilt fra Ny Jerusalem i den Tredje Himmel.

3. Lammets brud

Gud ønsker at alle mennesker skal efterligne hans hjerte og komme i Ny Jerusalem. Men han viser nåde med dem, som ikke har opnået dette niveau af helligelse gennem den menneskelige kultivering. Han har delt det himmelske rige ind i mange opholdssteder fra Paradis til Første, Andet og Tredje Rige i himlen, og belønner sine børn alt efter, hvad de har gjort.

Gud giver Ny Jerusalem til sine sande børn, som er fuldstændig hellige og har været betroede i hele hans hus. Han har bygget Ny Jerusalem til minde om Jerusalem, budskabets fundament, og som et nyt kar til at indeholde alt det, de har gennemført med kærlighed.

Vi kan læse i Johannesåbenbaringen 21:2 at Gud har forberedt Ny Jerusalem så smukt, at byen minder Johannes om at brud, der er smykket for sin gom.

> *"Og den hellig by, det ny Jerusalem, så jeg komme ned fra himlen fra Gud, rede som en brud, der er smykket for sin brudgom."*

Ny Jerusalem er smykket som en brud

Gud forbereder et vidunderligt opholdssted i himlen for Herrens brude, som smykker sig for at modtage den spirituelle brudgom Herre Jesus ved omskæring af deres hjerter. Det smukkeste sted blandt disse evige opholdssteder er byen Ny Jerusalem.

Det er derfor, Johannesåbenbaringen 21:9 omtaler byen Ny Jerusalem, der er smukt dekoreret til Herren brude, som *"bruden, Lammets hustru."*

Ny Jerusalem må være begejstret over at være den bedste gave til Herrens brude, som kærlighedens Guds har beredt. Folk vil blive bevægede, når de kommer ind i deres respektive huse, som er bygget med Guds kærlighed om detaljerede omtanke. Gud har indrettet hvert enkelt hus fuldstændig i overensstemmelse med ejerens smag.

En brud sørger for sin mand og giver han det bedste sted at hvile. På samme måde vil husene i Ny Jerusalem tjene og favne Herrens brude. Byen er så behagelig og tryg, at folk er fyldt med lykke og glæde.

I denne verden kan en hustru ikke give den perfekte fred og glæde uanset hvor godt hun tjener sin mand. Men husene i Ny Jerusalem kan give en fred og glæde, som folk ikke kan opleve i denne verden, for disse huse er bygget til at tilfredsstille ejerens smag fuldstændigt. Husene er smukke og storslåede, og svarer til ejerens smag, for de mennesker, der skal bo der, har et hjerte, der ligner Guds hjerte. Hvor vil de være forunderlige og strålende, når Herren står for konstruktionen!

Hvis man i sandhed tror på himlen, vil man blive lykkelig bare over at tænke på de mange engle, der bygger himmelske huse med guld og juveler ifølge Guds lov, der belønner ethvert menneske i overensstemmelse med, hvad det har gjort.

Kan du forestille sig, hvor meget lykkeligere og gladere livet vil være i Ny Jerusalem, som tjener og favner dig som en hustru?

De himmelske huse er dekoreret i overensstemmelse med ens gerninger

De himmelske huse begyndte at blive bygget, da vores Herre genopstod og for til himmels, og de bliver bygget selv i dette øjeblik i overensstemmelse med vores gerninger. Konstruktionen af husene til de mennesker, hvis liv på denne jord er slut, er fuldført. I andre huse er fundamenterne blevet lagt og søjler er ved at blive rejst; og arbejderne er ved at blive afsluttet.

Når de himmelske huse til alle de troende er blevet fuldendt, vil Jesus komme til jorden igen, men denne gang i luften. Dette fortæller han os i Johannesevangeliet 14:2-3:

> *"I min faders hus er der mange boliger; hvis ikke, ville jeg så have sagt, at jeg går bort for at gøre en plads rede for jer? Og når jeg er gået bort og har gjort en plads rede for jer, kommer jeg igen og tager jer til mig, for at også I skal være, hvor jeg er."*

Den evige bolig for de frelste mennesker bestemmes ved dommen fra den hvide trone.

Når ejeren kommer ind i sit hus efter at bolig og belønninger er blevet fastlagt alt efter målet af hver enkelts tro, vil husene være fuldstændig skinnende. Det skyldes, at huset og dets ejer danner et perfekt par, når ejeren kommer til huset, lige som mand og kone bliver et kød.

Ny Jerusalem må være fuld af Guds herlighed, når den huser

Guds trone og de mange huse, der er bygget til Guds sande børn, som vil dele sand kærlighed med ham til evig tid!

4. Skinnende som juveler og klar som krystal

Apostelen Johannes var fuld af ærefrygt, da han så den hellige by Ny Jerusalem, og han udtrykte det følgende:

> *"Og englen førte mig i Ånden op på et stort, højt bjerg og viste mig den hellige by, Jerusalem, der kom ned fra himlen, fra Gud, med Guds herlighed. Dens stråleglans er som den dyreste ædelsten, som krystalklar jaspis"* (Johannesåbenbaringen 21:10-11).

Ligeledes ærede Johannes Gud, da han så det storslåede Ny Jerusalem fra en bjergtop.

Ny Jerusalem skinner med Guds herlighed

Hvad betyder det at stråleglansens fra Ny Jerusalem, som skinner med Guds herlighed, er "som den dyrebareste ædelsten, som krystalklar jaspis"? Der findes mange slags juveler, og de har forskellige navne alt efter deres komponenter og farver. For at blive betegnet som en ædelsten, må stenen have en særlig smuk farve. Udtrykket "som en dyrebar ædelsten" henviser derfor til skønhedens perfektion. Apostelen Johannes sammenlignede det smukke lys i Ny Jerusalem med en ædelsten, der almindeligvis opfattes som meget værdifuld og smuk.

Desuden har Ny Jerusalem enorme og grandiose huse, og er dekoreret med himmelske juveler, der skinner med begejstret lys, og man kan se lysene, der glitrer smukt, selv på lang afstand af byen. Blåhvide lys pyntet med mange andre farver synes at favne Ny Jerusalem. Hvor må dette syn være imponerende og frydeligt!

Johannesåbenbaringen 21:18 fortæller os, at muren om Ny Jerusalem er lavet af jaspis. Til forskel fra den uigennemsigtige jaspis på denne jord, har den himmelske jaspis en blålig farve, der er så smuk og klar, at man føler, man kigger ind i klart vand, når man ser på den. Det er næsten umuligt at udtrykke skønheden af denne farve med ting i denne verden. Måske kan man sammenligne den med det skinnende, blå lys, som reflekteres på klare bølger. Desuden kan man udtrykke farven som klar, blålig og hvid. Jaspis repræsenterer Guds elegance og klarhed, og Guds retfærdighed, der er lydefri, klar og ærlig.

Der er mange slags krystaller, og i himmelske termer betyder det en farveløs, gennemsigtig og hård sten, der er så ren og klar som det reneste vand. Rene og klare krystaller brugtes i stor udstrækning til dekorationer i gamle dage, fordi de ikke alene er klare og gennemsigtigt, men også reflekterer lys på en smuk måde.

Selv om krystal ikke er særlig dyr, så reflekterer den lyset på en måde, som får det til at ligne en regnbue. Desuden har Gud placeret herlighedens stråleglans i de himmelske krystaller med sin kraft, så de kan ikke sammenlignes med dem, der findes på denne jord. Apostlen Johannes forsøger at udtrykke Ny Jerusalems skønhed, klarhed og pragt ved at sammenligne med en krystal.

Den hellige by Ny Jerusalem er fyldt med Guds forunderlige lys. Hvor storslået, smuk og skinnende må Ny Jerusalem ikke være, når den rummer Guds trone og det højdepunkt, hvor Gud omdannede sig til treenigheden!

Kapitel 2

Navnene på de tolv stammer og de tolv apostle

1. Tolv engle vogter portene

2. Navnene på Israels tolv stammer er indskrevet

   i de tolv porte

3. Navnene på de tolv disciple er indskrevet

   i de tolv grundsten

*"Den havde en stor og høj mur med
tolv porte, og over portene tolv engle
og indskrevne navne, det er Israels tolv
stammers navne: mod øst tre porte, mod
nord tre porte, mod syd tre porte og mod
vest tre porte. Og byens mur har tolv
grundsten, og på dem står de tolv navne
på Lammets tolv apostle."*

- Johannesåbenbaringen 21:12-14 -

Ny Jerusalem er omgivet af mure, som skinner strålende og glitrer med lys. Enhver vil tabe underkæben ved synet af deres størrelse, pragt, skønhed og herlighed.

Byen er formet som en firkant, og har tre porte på hver sige: Øst, vest, nord og syd. Der er i alt tolv porte, og de er utænkeligt massive. En værdig og majestætisk engel vogter hver port, og navnene på de tolv stammer er indskrevet over disse porte.

Murene rundt om Ny Jerusalem har også tolv grundsten, hvorpå de tolv søjler står, og navnene på de tolv apostle er optegnet. Alt i Ny Jerusalem er lavet ud fra grundtallet tolv, blandt andet antallet af lys og byens fundament. Dette skal hjælpe alle med at forstå, at Ny Jerusalem er stedet for de børn af lyset, hvis hjerter ligner Guds hjerte, for Gud er lyset selv.

Lad os nu se nærmere på årsagen til, at tolv engle vogter de tolv porte til Ny Jerusalem, samt på navnene til de tolv stammer og de tolv disciple, som er indskrevet over hele byen.

1. Tolv engle vogter portene

I gamle dage var der mange soldater eller vagter, som holdt øje med portene til slottene, hvor der boede konger og andre adelige personer. Det var nødvendigt for at beskytte bygningerne mod fjender og folk, som ville trænge ind. Men de tolv engle vogter portene til Ny Jerusalem, selv om ingen kan komme ind eller invadere byen, for den huser Guds trone. Hvad er så årsagen til dette?

For at udtrykke rigdom, autoritet og herlighed

Byen Ny Jerusalem er langt mere grandios, end vi kan forestille os. Den store forbudte by i Kina, hvor kejserne levede tidligere, er på størrelse med de individuelle huse i Ny Jerusalem. Selv den Kinesiske Mur, som er et af verdens syv vidundere, kan på ingen måde sammenlignes med muren om Ny Jerusalem.

De tolv engle, som vogter portene, er der for det første for at symbolisere rigdom, ære, autoritet og herlighed. Selv i dag har de vigtige eller rige personer private vagter i eller omkring deres huse, og dette viser beboernes rigdom eller magt.

Det er dermed åbenlyst, at det er engle i høje positioner, der vogter portene til Ny Jerusalem, hvor Guds trone står. Man kan mærke autoriteten fra Gud og beboerne i Ny Jerusalem, bare ved at kaste et blik på de tolv engle, hvis tilstedeværelse i sig selv øger byens skønhed og herlighed.

For at beskytte Guds anerkendte børn

Hvad er så den anden grund til, at tolv engle vogter portene til Ny Jerusalem? I Hebræerbrevet 1:14 står der: *"Alle engle er jo kun tjenende ånder, der sendes ud for at hjælpe dem, som skal arve frelsen."* Gud beskytter sine børn, som lever på denne jord, med flammende øjne og med engle, som han sender ud. De, som lever i overensstemmelse med Guds ord, vil ikke blive bagvasket af Satan, men vil blive beskyttet fra prøvelser, problemer, naturlige og menneskeskabte ulykker, sygdom og uheld.

Der er også utallige engle i himlen, som udfører deres pligter i overensstemmelse med Guds befalinger. Blandt dem er der engle, som overvåger, optegner og rapporterer enhver handling af enhver person uanset om personen er troende. På dommedag vil Gud huske ethvert ord, som et individ har sagt, og belønne den enkelte i overensstemmelse med vedkommendes handlinger.

Alle engle er ånder, som Gud har kontrol over, og det er indlysende, at de beskytter og ser efter Guds børn selv i himlen. Der vil naturligvis ikke være nogen uheld eller farer i himlen, da der ikke er noget mørke fra den fjendtlige djævel, men det er en naturlig pligt for dem at tjene deres herrer. Denne pligt er ikke påtvunget af nogen, men udføres frivilligt i overensstemmelse med ordenen og harmonien i det spirituelle rige; det er en naturlig pligt, som er tildelt englene.

For at opretholde fredfuld orden i Ny Jerusalem

Hvad er så den tredje grund til, at tolv engle vogter portene til Ny Jerusalem?

Himlen er et perfekt spirituelt rige uden nogen fejl, og der hersker en perfekt orden. Der er ikke noget had, skænderi eller påbud, for alt styres og vedligeholdes alene gennem Guds orden. Belønningerne og autoriteten etableres ved Guds retfærdighed. Der belønnes alt efter hvert individs handlinger, og alt styres ud fra denne orden.

Hvis et hus er kommet i splid med sig selv, kan det ikke bestå. På samme måde kan Satan ikke bestå, hvis han kommer i splid med sig selv, for alt fungere efter en særlig orden (Markusevangeliet 3:22-26). Man kan tænke sig til, at Guds rige vil være etableret og fungere efter en retfærdig og præcis orden.

For eksempel forløber festerne, som afholdes i Ny Jerusalem, efter en bestemt orden. De frelste sjæle i det Tredje, Andet og Første Rige og Paradis komme kun ind i Ny Jerusalem, hvis de bliver inviteret, og dette sker igen efter en spirituel orden. Ved festen vil de så behage Gud og tage del i glæden sammen med beboerne i Ny Jerusalem.

Hvis de frelste sjæle i Paradis, Første, Andet og Tredje Rige frit kunne komme til Ny Jerusalem, når som helst, de havde lyst til det, hvad ville der så ske? Ligesom værdien af selv de bedste og mest værdifulde objekter falder med tiden på grund af brug, hvis ikke de bliver håndteret ordentligt, vil det heller ikke være muligt at opretholde skønheden i Ny Jerusalem, hvis dens orden bliver brudt.

For at opretholde en fredfuld orden i Ny Jerusalem, er det nødvendigt, at der er tolv porte og en engel til at vogte hver port. De troende i det Tredje Rige og derunder ville naturligvis ikke frit kunne komme ind i Ny Jerusalem, selv om der ikke skulle være en engel til at vogte porten, men englene sørger for, at denne orden bliver overholdt ordentligt.

2. Navnene på Israels tolv stammer er indskrevet i de tolv porte

Hvad er så årsagen til, at navnene på Israels tolv stammer er indskrevet i portene til Ny Jerusalem? I denne verden bruger man ofte en hjørnesten med inskription eller man bygger et monument til minde om væsentlige informationer vedrørende et bygningsprojekt. På samme måde symboliserer navnene på Israels tolv stammer, at de tolv porte til Ny Jerusalem begyndte med Israels tolv stammer.

Baggrunden for at lave tolv porte

Adam og Eva, som blev uddrevet af Edens have på grund af deres ulydige synd for ca. 6000 år siden, fødte mange børn, mens de levede på denne jord. Da verden var fuld af synd blev alle undtagen Noah og hans familie, som var retfærdige, straffet og gik til i vandet.

For ca. 4000 år siden blev så Abraham født, og da tiden kom, gjorde Gud ham til forfader for troen og velsignede ham i overflod. Gud lovede Abraham følgende i Første Mosebog 22:17-18:

> *"[Fordi du har handlet sådan....], vil jeg velsigne dig og dine efterkommere så talrige som himlens stjerner og som sandet ved havets bred. Dine efterkommere skal erobre deres fjenders porte. Alle jordens folk skal velsigne sig i dit afkom, fordi du adlød mig."*

Den trofaste Gud etablerede Jakob, Abrahams barnebarn, som grundlægger af Israel, og dannede fundamentet til en nation med hans tolv sønner. For ca. 2000 år siden, sendte Gud så Jesus som efterkommer af Judas stamme og åbnede vejen til frelse for hele menneskeheden.

På denne måde dannede Gud Israels folk med tolv stammer for at fuldføre den velsignelse, han havde givet Abraham. Desuden lavede Gud tolv porte til Ny Jerusalem for at symbolisere og markere dette, og han indskrev navnene på Israels tolv stammer over portene.

Lad os nu se nærmere på Jakob, Israels forfader, og på de tolv stammer.

Jakob, Israels forfader, og hans tolv sønner

Jakob, Abrahams barnebarn og Isaks søn, tog fødselsretten fra sin ældre bror Esau ved hjælp af bedrag, og måtte flygte fra sin bror til sin onkel Laban. Under det tyve års ophold i Labans hus, raffinerede Gud Jakob, indtil han blev forfader for Israel.

Første Mosebog 29:21 og frem forklarer i detaljer Jakobs ægteskab og fødslen af hans tolv sønner. Jakob elskede Rakel og lovede at tjene Laban syv år, så han kunne gifte sig med hende, men han blev narret af sin onkel og blev gift med Lea, Rakels søster. Han måtte love Laban at tjene ham endnu syv år for at få Rakel. Endelig blev han gift med hende og elskede hende mere, end han elskede Lea.

Gud havde medlidenhed med Lea, som ikke blev elsket af sin mand, og han åbnede hendes moderliv. Lea fødte sønnerne Ruben, Simeon, Levi og Juda. Rakel var elsket af Jakob, men kunne ikke føde sønner gennem lang tid. Hun blev jaloux på sin søster Lea og gav sin trælkvinde Bilha til Jakob som kone, og Bilha fødte Dan og Naftali. Da Lea ikke længere kunne undfange, gav hun Jakob sin trælkvinde Zilpa som kone, og Zilpa fødte Gad og Asher.

Senere fik Lea Rakels ord for, at hun måtte ligge hos Jakob i bytte for den første søn Rubens alrunebær. Hun fødte Issakar og Zebulon, og datteren Dina. Så huskede Gud Rakel, som var ufrugtbar, og åbnede hendes skød, og hun fødte Josef. Efter at Josef var blevet født, fik Jakob ordre fra Gud om at krydse Jabbokfloden og tage hjem til sin hjemby med sine to koner, to trælkvinder og elleve sønner.

Jakob gennemgik mange prøvelser i sin onkel Labans hus gennem to årtier. På vej til sin hjemby ydmygere han sig og bad, indtil hans hofte gik af led, ved Jabbok floden. Så fik han navnet "Israel" (Første Mosebog 32:28). Israel blev genforenet med sin bror Esau og levede i Kanaans land. Han modtog den velsignelse at blive Israels forfader og fik sin sidste søn Benjamin med Rakel.

Israels tolv stammer, Guds udvalgte folk

Josef, som var den mest elskede af sin far blandt Israels tolv sønner, blev solgt til Egypten i en alder af 17 af sine brødre, som var opslugt af jalousi. Med Guds forsyn blev han i en alder af 30 statsminister i Egypten. Da Gud vidste, at der ville komme en alvorlig hungersnød i Kanaans land, havde han først sendt Josef til Egypten, og derefter lod han hele hans familie flytte dertil, sådan at de kunne øges i antal og blive mange nok til at danne en nation.

I Første Mosebog 49:3-28 velsigner Israel sine tolv sønner, lige før han udånder, og de danner Israels tolv stammer:

"Ruben, du er min førstefødte,
min kraft, min manddoms førstefrugt (vers 3)
Simeon og Levi er brødre,
deres knive er voldsredskaber (vers 5)
Juda, dig skal dine brødre prise (vers 8)

Zebulon bor ved havets kyst (vers 13)
Issakar er et knokkelstærkt æsel,
der har lagt sig til at hvile i kvægfolden (vers 14)
Dan skaffer sit folk ret
så godt som nogen af Israels stammer (vers 16)
Gad bliver overfaldet af strejfskarer,
men selv overfalder og forfølger han dem (vers 19)
Ashers føde er kraftig og god (vers 20)
Naftali er en fritløbende hind,
som får yndige kid (vers 21)
Josef er et ungt frugttræ,
et ungt frugttræ ved kilden (vers 22)
Benjamin er en rovgrisk ulv (vers 27)."

Disse er Israels tolv stammer, og dette er det, som deres fader sagde til dem, da han velsignede dem, og gav hver og en den velsignelse, der passede til ham. Velsignelserne var forskellige, fordi sønnerne (stammerne) var forskellige med hensyn til karakteristika, personlighed, gerning og natur.

Gennem Moses gav Gud loven til Israels tolv stammer, som kom ud af Egypten, og begyndte at føre dem mod Kanaans land, som flød med mælk og honning. I Femte Mosebog 33:5-25 ser man Moses' velsignelse til Israels folk før sin død:

"Måtte Ruben leve og ikke dø,
om end hans mænd kun bliver få (vers 6)
Herre, hør Judas røst,
bring ham hjem til hans folk (vers 7)
Om Levi sagde han:

"Dine Tummim og Urim
tilhører din trofaste mand" (vers 8)
Om Benjamin sagde han:
"Den, Herren elsker, bor i tryghed,
Den højeste skærmer ham altid" (vers 12)
Om Josef sagde han:
"Velsignet af Herren er hans land
med herligheder fra himlen deroppe
og fra udyret, der hviler dernede" (vers 13)
"Sådan er Efraims titusinder,
Sådan er Manasses tusinder" (vers 17)
Om Zebulon sagde han:
"Zebulon, glæd dig, når du drager ud,
og du, Issakar, hjemme i dine telte!" (vers 18)
Om Gad sagde han:
"Lovet være han, der skaffer Gad plads" (vers 20)
Om Dan sagde han:
"Dan er en løveunge,
han springer frem fra Bashan" (vers 22)
Om Naftali sagde han:
"Naftali er mættet med nåde,
fyldt med Herrens velsignelse" (vers 23)
Velsignet være Asher blandt sønner,
måtte han være elsket af sine brødre (vers 24)."

Blandt Israels tolv sønner blev Levi ekskluderes fra de tolv stammer for at blive præster og tilhøre Gud. I stedet dannede Josefs to sønner Manasse og Efraim to stammer for at erstatte levitterne.

Navne på de tolv stammer

Så hvordan kan vi, som hverken er medlemmer af Israels tolv stammer eller direkte nedstammere efter Abraham, blive frelst og gå gennem de tolv porte, hvor navnene på de tolv stammer er skrevet?

Vi finder svaret på dette spørgsmål i Johannesåbenbaringen 7:5-8:

"Og jeg hørte tallet på de beseglede: ét hundrede og fireogfyrre tusind beseglede ud af Israels stammer, af Judas stamme tolv tusind beseglede, af Rubens stamme tolv tusind, af Gads stamme tolv tusind, og Ashers stamme tolv tusind, af Naftalis stamme tolv tusind, af Manasses stamme tolv tusind, af Simeons stamme tolv tusind, af Levis stamme tolv tusind, af Issakars stamme tov tusind, af Zebulons stamme tolv tusind, af Josefs stamme tolv tusind, af Benjamins stamme tolv tusind beseglede."

I disse vers kommer navnet på Judas stamme først og navnet på Rubens stamme følger til forskel fra Første og Femte Mosebog. Navnet på Dans stamme er slettet og navnet på Manasses stamme er blevet tilføjet.

I Første Kongebog 12:28-31 ser man en beskrivelse af en alvorlig synd, som Dans stamme begik:

Kongen holdt derfor råd og lod fremstille to tyrekalve af guld. Derpå sagde han: "Nu har I længe nok draget op til Jerusalem! Her er din Gud, Israel, som førte dig op fra Egypten!" Han stillede den ene i Betel; den anden anbragte han i Dan. – Dette blev til synd! – Og folket gik foran den til Dan. Han byggede offerhøjstempler, og af folket udpegede han præster, som ikke var levitter.

Jeroboam, som blev den første konge i det nordlige Israel, tænkte, at hvis folket tog til Herrens tempel i Jerusalem med deres ofringer, så ville de føle troskab mod Rehabeam, som var konge i Juda. Kongen lavede derfor to guldkalve og satte den ene i Betel og den anden i Dan. Han forbød folk at tage til Jerusalem for at ofre til Gud, og opfordrede dem til at ofre i Betel og Dan.

Dans stamme begik den synd at tilbede falske guder og at gøre almindelige mennesker til præster, selv om det kun var levitterne, som måtte være præster. Og de etablerede en helligdag den femtende dag af den ottende måned, som en særlig helligdag i Juda. Disse synder kunne ikke tilgives af Gud, så stammen blev forsaget af ham.

Dans stamme blev dermed udskiftet af Manasses stamme. Denne udskiftning blev profeteret allerede i Første Mosebog 48:5, hvor Jakob siger til sin søn Josef:

"De to sønner, du fik her i Egypten, før jeg kom ned til dig, skal nu være mine; Efraim o Manasse skal være mine, ligesom Ruben og Simeon."

Jakob, Israels fader, beseglede allerede Manasse og Efraim som sine. Så i Johannesåbenbaringen i det nye testamente ser man, at

Manasses stamme er optegnet i stedet for Dans stamme.

Det at navnet på Manasses stamme er optegnet mellem Israels tolv stammer, selv om han ikke var en af de tolv ledere af Israel, viser, at ikke-jøderne ville tage israelitternes plads og blive frelst.

Gud lagde fundamentet for en nation gennem Israels tolv stammer. For ca. to tusind år siden åbnede han porten til at vaske synder bort med det dyrebare blod, som Jesus Kristus udgød på korset, og han lod dermed alle modtage troens frelse.

Gud udvalgte Israels folk, som fremkom af de tolv stammer, og kaldte dem "mit folk", men da de i sidste ende ikke fulgte Guds vilje, blev budskabet overladt til ikke-jøderne.

Ikke-jøderne, som er det vilde, podede olivenskud, har erstattet Guds udvalgte folk i Israel. Det er derfor, apostelen Paulus siger i Romerbrevet 2:28-29: *"For jøde er man ikke i det ydre, og omskærelse er ikke det, som ses på kroppen. Jøde er man i det indre, og omskåret er den, som er det i sit hjerte, i Ånden, ikke efter bogstaven. Hans ros kommer fra Gud, ikke fra mennesker."*

Kort sagt har ikke-jøderne erstattet Israels folk i opfyldelsen af Guds forsyn, ligesom Dans stamme blev slettet og Manasses stamme tilføjet. Derfor kan selv ikke-jøder komme i Ny Jerusalem gennem de tolv porte, så længe de besidder de nødvendige troskvalifikationer.

Det er således ikke kun dem, som tilhører Israels tolv stammer, der vil blive frelst, men også dem, som er nedstammere efter Abraham i troen. Når ikke-jøderne kommer ind i troen, anser Gud dem ikke længere for "ikke-jøder", men i stedet for medlemmer af de tolv stammer. Alle nationer vil blive frelst gennem de tolv porte, og dette er Guds retfærdighed.

Udtrykket "Israels tolv stammer" henviser i spirituel betydning til alle Guds børn, som frelses ved troen, og Gud har skrevet navnene på de tolv stammer over de tolv porte til Ny Jerusalem for at symbolisere dette.

Men forskellige lande og områder har forskellige karakteristika, og herligheden for hver af de tolv stammer og de tolv porte varierer også i himlen.

3. Navnene på de tolv disciple er indskrevet i de tolv grundsten

Hvad er så årsagen til, at navnene på de tolv disciple er indskrevet på de tolv grundsten i Ny Jerusalem?

Når man skal konstruere en bygning, må man først lægge en grundsten som støtte for søjlerne. Det er nemt at bedømme bygningens størrelse, når man ser på størrelsen af udgravningen. Grundstenene er vigtige, fordi de skal bære vægten af hele strukturen.

På samme måde blev de tolv grundsten lagt for at bære murene til Ny Jerusalem og de tolv søjler, hvorimellem portene befinder sig. De tolv grundsten og de tolv søjler er så store, at vi slet ikke kan forestille os det, og vi vil beskæftige os nærmere med dette i næste kapitel.

De tolv grundsten er vigtigere end de tolv porte

Enhver skygge har samme væsen som det, der kaster den. På samme måde er det Gamle Testamente skyggen af det Nye

Testamente, for det Gamle Testamente fortæller om Jesus, som skulle komme til denne verden som Frelseren, og det Nye Testamente beretter om Jesu virke, da han kom til denne verden, fuldførte alle profetier, og opnåede vejen til frelse (Hebræerbrevet 10:1).

Gud, som lagde fundamentet til en nation gennem Israels tolv stammer, og som proklamerede loven gennem Moses, oplærte de tolv disciple gennem Jesus, som fuldførte loven med kærlighed, og gjorde dem til vidner om Herren i alle verdenshjørner. På denne måde er de tolv disciple helte, som gjorde det muligt at fuldføre loven i det Gamle Testamente og bygge byen Ny Jerusalem, og de handlede ikke som skygger, men som selve essensen.

Derfor er de tolv grundsten i Ny Jerusalem vigtigere end de tolv porte, og de tolv disciples rolle er vigtigere end de tolv stammer.

Jesus og hans tolv disciple

Jesus, Guds søn, som kom til denne verden i kød, begyndte sit virke i en alder af 30, kaldte sine disciple og oplærte dem. Da tiden kom, bemyndigede Jesus sine disciple til at uddrive dæmoner og helbrede de syge. Matthæusevangeliet 10:2-4 nævner de tolv disciple:

"Navnene på de tolv apostle er: Først Simon kaldet Peter, så hans bror Andreas, og Jakob, Zebedæus' søn, og hans bror Johannes, Filip og Bartholomæus, Thomas og tolderen Matthæus, Jakob, Alfæus' søn, og Thaddæus, Simon Kananæer og Judas Iskariot, han

som forrådte ham."

Disciplene prædikede budskabet og udførte gerninger med Guds kraft, som Jesus bad dem om. De vidnede om den levende Gud og førte mange sjæle på vejen til frelse. Med undtagelse af Judas Iskariot, som blev opildnet af Satan og til sidst solgte Jesus, vidnede de alle om Jesu genopstandelse og himmelfart, og om oplevelser med Helligånden gennem inderlig bøn.

De modtog Helligånden og kraften til at blive Herrens vidner i Jerusalem, hele Judæa og Samaria og til verdens ende, da Herren udvalgte dem.

Matthias erstattede Judas Iskariot

Apostlenes Gerninger 1:15-26 beskriver dem proces, hvormed Judas Iskariot blev udskiftet som medlem af de tolv disciple: De bad til Gud og kastede lod. Dette blev gjort, fordi disciplene ønskede, at det skulle ske i overensstemmelse med Guds vilje, uden indblanding af menneskelig tænkning. De valgte således et individ blandt dem, som var blevet undervist af Jesus, en mand ved navn Matthias.

Jesus havde valgt Judas Iskariot, vel vidende at han i sidste ende ville bedrage ham. Det gjorde han fordi det, at Matthias var nyudvalgt, betyder, at selv ikke-jøder kan opnå frelse. Det betyder også, at Guds udvalgte tjenere i dag hører til Matthias' sted. Siden Herrens genopstandelse og himmelfart har der været mange tjenere for Gud, som er blevet udvalgt af Gud selv, og alle, som bliver et med Herren, kan blive udvalgt som en af Herrens disciple, på samme måde som Matthias blev discipel.

De af Guds tjenere, som er udvalgt af Gud selv, adlyder deres mester med et "Ja." Hvis Guds tjenere ikke adlyder hans vilje, kan og skal de ikke kaldes "Guds tjenere" eller "Guds udvalgte tjenere."

De tolv disciple inklusiv Matthias lignede Herren, var fuldstændig hellige, adlød Herrens lære og fuldførte Guds vilje. De blev grundstenene i verdensmissionen ved at fuldføre deres pligter, indtil de blev martyrer.

Navnene på de tolv disciple

De, som er blevet frelst ved troen, kan besøge Ny Jerusalem med en invitation, selv om de ikke er hverken hellige eller betroede i hele Guds hus, men de kan ikke leve der til evig tid. Navnene på de tolv disciple er således skrevet på de tolv grundsten for at minde os om, at kun dem, som var hellige og betroede i hele Guds hus i dette liv, kan komme i Ny Jerusalem.

Israels tolv stammer henviser til alle Guds børn, som er frelst ved troen. De, som er hellige og betroede med hele deres liv, vil have kvalifikationer til at komme ind i Ny Jerusalem. Af den grund er de tolv grundsten vigtigere, og det er derfor, navnene på de tolv disciple ikke er skrevet på de tolv porte, men på de tolv grundsten.

Så hvorfor valgte Jesus kun tolv disciple? I sin perfekte visdom opfylder Gud sit forsyn, som han har planlagt siden før tidens begyndelse og han opfylder alt i overensstemmelse med forsynet. Vi ved derfor, at når Jesus kun valgte tolv disciple, var det for at udføre alt i overensstemmelse med Guds plan.

Gud, som dannede de tolv stammer i det Gamle Testamente, valgte tolv disciple, og brugte nummeret 12, som står for "lys" og "perfektion" også i det Nye Testamente, og skyggen af det Gamle Testamente og essensen af det Nye Testamente danner dermed par.

Gud ændrer ikke mening eller plan, når han først har beslutte sig, og han holder sit ord. Derfor må vi tro på alle Guds ord i Bibelen, forberede os som Herrens brude på at modtage ham, og opnå de nødvendige kvalifikationer til at komme i Ny Jerusalem ligesom de tolv disciple.

Jesus siger i Johannesåbenbaringen 22:12: *"Ja, jeg kommer snart, og med mig min løn, for at gengælde enhver, som hans gerning er."*

Hvilken slags kristent liv bør man leve, hvis man rent faktisk tror, at Herren snart kommer tilbage? Man bør ikke stille sig tilfreds med at være blevet frelst af troen på Jesus Kristus, men også forsøge at skille sig af med sine synder og at være trofast i alle sine pligter.

Jeg beder i Herre Jesu Kristi navn om, at du vil få den evige herlighed og velsignelser i Ny Jerusalem ligesom troens forfædre, hvis navne er indskrevet i de tolv porte og på de tolv grundsten!

Kapitel 3

Størrelsen på Ny Jerusalem

1. Målt med en målestok af guld

2. Det terningformede Ny Jerusalem

*Englen, som talte med mig, havde en
målestok af guld, så den kunne måle
byen og dens porte og mur. Byen er
firkantet med ens længde og bredde. Med
målestokken målte englen byen til tolv
tusind stadier; længden og bredden og
højden er ens. Og den målte dens mur
til ét hundrede og fireogfyrre alen efter
menneskenes mål, som også er englens.*

- Johannesåbenbaringen 21:15-17 -

Nogle troende tror, at alle, som frelses, vil komme i Ny Jerusalem, der huser Guds trone, eller har den misforståelse, at Ny Jerusalem er hele himlen. Men Ny Jerusalem er ikke hele himlen, kun en del af den. Og kun Guds sande børn, som er hellige, kan komme der til. Hvor omfattende er mon Ny Jerusalem, som Gud har forberedt for sine sande børn?

Lad os se nærmere på størrelsen og formen af Ny Jerusalem, og på den spirituelle betydning, som er skjult i disse mål.

1. Målt med en målestok af guld

Det er naturligt for de mennesker, som har sand tro og inderligt håb om Ny Jerusalem, at spekulere på formen og størrelsen af byen. Siden den er stedet for Guds børn, som er blevet hellige, og som fuldt ud ligner Herren, har Gud forberedt Ny Jerusalem smukt og prægtigt.

I Johannesåbenbaringen 21:15 kan man læse om en engel, som har en målestok af guld til at måle størrelsen på Ny Jerusalems porte og mure. Hvorfor lod Gud Ny Jerusalem blive opmålt med en målestok af guld?

En gylden målestok er en slags vinkel, som bruges til at måle afstande i himlen. Hvis man kender betydningen af guld og af målestokken, vil man forstå, hvorfor Gud måler Ny Jerusalems dimensioner med en målestok af guld.

Guld står for tro, fordi det ikke forandres over tid. At

målestokken er af guld, symboliserer derfor, at Guds mål er nøjagtigt og uforanderligt, og at alle hans løfter vil blive holdt.

Karakteristika ved den målestok, der måler troen

Målestokken blev oprindeligt lavet af sivrør, som er højt og blødt. Det svajer let i vinden, men knækker ikke. Det har både fleksibilitet og styrke på samme tid. Rør har modhager, og det betyder, at Gud belønner i overensstemmelse med, hvad den enkelte har gjort.

Gud måler således byen Ny Jerusalem med en målestok af guld for at måle enhvers tro nøjagtigt og give igen alt after hvad han eller hun har gjort.

Lad os nu se på målestokkens karakteristika og spirituelle betydning for at forstå, hvorfor Gud måler Ny Jerusalems dimensioner med en målestok af guld.

Først og fremmest har de rør, som bruges til målestok, dybe og stærke rødder. De er 1-3 meter lange og kan leve i sandet i sumpe eller søer. De synes muligvis at have svage rødder, men det er vanskeligt at trække dem op.

På samme måde bør Guds børn også have faste rødder i troen og stå på sandhedens klippe. Først når man har en uforanderlig tro, der ikke bliver rystet under nogen omstændigheder, vil man være i stand til at komme i Ny Jerusalem, hvor dimensionerne bliver målt med en målestok af guld. Det er derfor, apostelen Paulus beder for de troende i Efesos på følgende måde: *"at Kristus ved troen må bo i jeres hjerter, og I være rodfæstede og grundfæstede i kærlighed"* (Efeserbrevet 3:17).

For det andet har rør bløde kanter. Da Jesus havde et blødt og mildt hjerte, som mindede om rør, skændtes og råbte han aldrig. Selv når andre kritiserede ham eller forfulgte ham, gik han sin vej i stedet for at diskutere.

De mennesker, som har håb om Ny Jerusalem, bør have milde hjerter ligesom Jesus. Hvis man føler ubehag, når andre påpeger ens fejl eller formaner, så betyder det, at man stadig har et hårdt og stolt hjerte. Hvis man har et hjerte, der er blødt og mildt som plys, så kan man acceptere kritikken med glæde og uden at føle nogen fortrydelse eller utilfredshed.

For det tredje svajer rør let i vinden, men de knækker ikke nemt. I en stærk tyfon, bliver store træer til tider revet op med rod, men rør knækkes sædvanligvis ikke, for de er bløde. Mennesker i denne verden sammenligner til tider kvinders sind med rør for at udtrykke noget negativt, men Guds sammenligning har den omvendte betydning. Rør er bløde og kan synes svage, men de har tilstrækkelig styrke til ikke at knække selv i stærk vind, og de har skønhed og elegance med deres hvide blomster.

Da rør har alle disse aspekter såsom blødhed, styrke og skønhed, kan de symbolisere retfærdigheden ved dommen. Rørenes karakteristika kan også siges at gælde for staten Israel. Israel har et relativt lille område og en lille befolkning, og det er omgivet af fjendtlige naboer. De forekommer muligvis at være et svagt land, men det går aldrig til grunde. Det skyldes den stærke tro på Gud, en tro, der er rodfæstet i troens forfædre såsom Abraham. Selv om de ser ud som om, de kan gå til grunde på et øjeblik, så vil israelitternes tro på Gud give dem et fast grundlag.

På samme måde må vi have en tro, der ikke vakler under nogen omstændigheder og har sin rod i Jesus Kristus, som er klippen, ligesom rør med stærke rødder, hvis vi skal komme i Ny Jerusalem.

For det fjerde er rørenes stilk lige og glat, og de er ofte blevet brugt til at lave tag, buer eller pennespidser. Den lige stilk antyder også en bevægelse fremad. Troen siges kun at være "levende", når den er i fremgang. De, som forbedrer eller udvikler sig, vil vokse i troen dag for dag, og fortsætte deres fremgang mod himlen.

Gud udvælger disse gode kar, som går frem mod himlen, raffinerer dem og gør dem perfekte, så de vil være i stand til at komme i Ny Jerusalem. Derfor må vi gå frem mod himlen ligesom blade, der skyder frem fra enden af den lige stilk.

For det femte er rørene bløde og smukke, deres blade er yndefulde og elegante, og mange digtere har skrevet om rørenes blomster for at beskrive et fredfyldt sceneri. Som der står i Andet Korintherbrev 2:15: *"For vi er Kristi vellugt for Gud blandt dem, der frelses, og blandt dem, der fortabes."* De, som står på troens klippe, udsender Kristi aroma. De, som har denne slags hjerte, har behagelige og rolige ansigter, og folk kan opleve himlen gennem dem. For at komme i Ny Jerusalem, må vi udsende Kristi smukke aroma, der er ligesom bløde blomster og rørenes elegante blade.

For det sjette er rørenes blade tynde, og deres kanter er skarpe nok til at skære i huden ved let berøring. På samme måde må de, der har tro, ikke gå på kompromis med synder, men blive knivskarpe med hensyn til at skille sig af med ondskab.

Daniel, som var præst i det store Persien, og var elsket af kongen, gennemgik en prøvelse, hvor han blev dømt til at blive smidt i løvekulen af onde mænd, som var jaloux på ham. Han gik dog ikke på kompromis, men holdt fast i sin tro. Som resultat af dette sendte Gud sin engel for at lukke løvernes munde, og lod dermed Daniel forherlige Gud foran kongen og alle mennesker.

Gud behages af den form for tro, som Daniel havde, dvs. den form for tro, der ikke går på kompromis med verden. Han beskytter dem, som har denne form for tro fra alle vanskeligheder og prøvelser, og lader dem forherlige ham til sidst. Han velsigner dem desuden og gør dem til *"hoved, ikke hale"*, hvor som helst de kommer (Femte Mosebog 28:1-14).

Der står ydermere i Ordsprogenes Bog 8:13: *"At frygte Herren er at hade det onde."* Hvis man har ondt i sit hjerte, må man skille sig af med det gennem inderlig bøn og faste. Først når man ikke går på kompromis med synd, men hader alt det onde, vil man være hellig og have kvalifikationer til at komme i Ny Jerusalem.

Vi har set på, hvorfor Gud opmåler byen Ny Jerusalem med en målestok af guld, ved at se på de seks karakteristika ved rør, der tidligere blev brugt til målestok. Brugen af en målestok af guld lader os vide, at Gud måler vores tro nøjagtigt og belønner os præcist for, hvad vi har gjort i dette liv, og at han opfylder sine løfter. Derfor håber jeg, du vil indse, at du må opnå de kvalifikationer, der svarer til den spirituelle betydning af målestokken af guld, skille dig af med alt ondt, og opnå Herrens hjerte.

2. Det terningformede Ny Jerusalem

Gud har specificeret størrelsen og formen på Ny Jerusalem i Bibelen. Johannesåbenbaringen 21:16 fortæller os, at byen er terningformet og er godt 2.400 km (12.000 stadier) i længde, højde og bredde. Nogle vil måske tænke: "Jamen vil det ikke føles som at være lukket inde?" Men Gud har lavet Ny Jerusalem komfortabel og behagelig. Man kan ikke se ind i byen udefra, men folk inden for bymurene kan se ud. Med andre ord er der ingen grund til at føle ubehag eller indelukkelse indenfor murene.

Ny Jerusalem har form som en terning

Hvad er grunden til, at Gud har konstrueret Ny Jerusalem i form som en terning? Samme længde og vidde repræsenterer orden, nøjagtighed, retfærdighed, og retskaffenhed. Gud kontrollerer alt for at de utallige stjerner, månen, solen, solsystemet og resten af universet bevæger sig præcist og nøjagtigt uden nogen fejl. På samme måde har Gud lavet byen Ny Jerusalem i terningeform for at udtrykke, at han kontrollerer alle ting og dermed også historien, og at alt bliver opfyldt indtil afslutningen med præcision.

Ny Jerusalem har samme bredde og længde, samt tolv porte og tolv grundsten, tre på hver side. Dette symboliserer, at uanset hvor man lever på denne jord, vil reglerne blive anvendt med retfærdighed overfor dem, som har kvalifikationer til at komme i Ny Jerusalem. Særligt folk, som er kvalificerede ifølge målestokken af guld, vil komme i Ny Jerusalem uanset deres køn, alder og race.

Dette skyldes at Gud med sin oprette og retfærdige karakter dømmer med retfærdighed og måler kvalifikationerne til at komme i Ny Jerusalem nøjagtigt. Desuden repræsenterer en terning nord, syd, øst og vest. Gud har dannet Ny Jerusalem og kalder sine perfekte børn, som frelses med tro, fra alle nationer og fra alle fire verdenshjørner.

43

I Johannesåbenbaringen 21:16 står der: *"Byen er firkantet med ens længde og bredde. Med målestokken målte englen byen til tolv tusind stadier; længde og bredde og højde er ens."*

Der står også i Johannesåbenbaringen 21:17, at *"den målte dens mur til ét hundred og fireogfyrre alen efter menneskenes mål, som også er englens."*

Murerne omkring Ny Jerusalem er 144 alen tykke. Dette svarer til 65 meter. Da Ny Jerusalem er enorm, er murene også tilsvarende tykke.

Kapitel 4

Lavet af det pure guld og juveler i alle farver

1. Udsmykket med det pure guld og alle slags juveler

2. Murene i Ny Jerusalem er lavet af jaspis

3. Lavet af det pure guld så klart som glas

*Dens murværk var jaspis, og
byen var af det pure guld, der så
ud som det renestes glas.*

- Johannesåbenbaringen 21:18 -

Forestil dig, at du havde penge og magt til at bygge et hus, hvor du og dine elskede skulle leve til evig tid. Hvordan ville du indrette det? Hvilke materialer ville du bruge? Uanset omkostningen, tiden og arbejdskraften ville du sandsynligvis ønske at bygge huset på smukkeste og mest charmerende måde.

På samme måde ønsker vores Fader Gud at bygge og udsmykke Ny Jerusalem smukt med de bedste materialer i himlen for at opholde sig der til evig tid med sine elskede børn. Desuden har de materialer, der bruges i Ny Jerusalem hver deres betydning, som henviser til den tid, vi har udholdt med tro og kærlighed på denne jord, og alt vil være pragtfuldt.

Det er naturlig, at de mennesker, som længes efter Ny Jerusalem af hjertets grund, ønsker at vide mere om byen.

Gud kender disse menneskers hjerter og har i Bibelen givet os flere forskellige oplysninger om Ny Jerusalem, inklusiv byens størrelse og form, og endda murenes tykkelse.

Så hvad er byen Ny Jerusalem da lavet af?

1. Udsmykket med det pure guld og alle slags juveler

Ny Jerusalem, som Gud har forberedt for sine børn, er lavet af det pure guld, som aldrig forandres, og dekoreret med juveler. I himlen er der ikke nogen materialer, som forandrer sig med tidens gang, som f.eks. mulden på denne jord. Vejene i Ny Jerusalem er lavet af det pure guld og fundamentet af juveler.

47

Sandet på bredden af floden med livets vand er af guld og sølv, så man kan forestille sig, at materialerne til bygningerne må være endnu mere forbløffende.

Ny Jerusalem: Guds mesterstykke

De verdensberømte bygninger er alle forskellige med hensyn til glans, værdi, elegance og finhed alt efter hvilke materialer, der er blevet brugt til at bygge dem. Marmor er mere skinnende, elegant og smukt end sand, træ eller cement.

Kan du forestille dig, hvor smukt det vil være at bygge en hel bygning i dyrt guld og juveler? Sådan vil de smukkeste og mest fantastiske bygninger i himlen være, for de er lavet af de smukkeste materialer!

Det guld og de juveler, som bruges i himlen, er desuden lavet med Guds kraft, og er anderledes en de samme materialer på denne jord med hensyn til kvalitet, farve og raffinement. Deres renhed og lys skinner så klart, at det ikke kan udtrykkes med ord.

Selv på denne jord kan man lave mange slags kar af den samme ler. De kan blive til dyr porcelæn eller billigt lertøj afhængig af typen af ler og pottemagerens færdigheder. Det tog Gud tusind år at bygge Ny Jerusalem, hans mesterstykke, som er fyldt med arkitektens pragtfulde, dyrebare og perfekte herlighed.

Det pure guld står for tro og evigt liv

Det pure guld er 100% guld uden nogen urenheder, og det er det eneste på denne jord, som aldrig forandrer sig. På grund af dette træk har mange lande brugt det som standart for deres valuta og vekselrater, og det bruges som dekoration og til industrielle formål. Det pure guld er efterspurgt og ønsket af mange mennesker.

Gud gav os guld på denne jord for at lade os indse, at der er ting, der aldrig forandres, og at den evige verden eksisterer. De fleste ting på denne jord bliver udslidte og forandrer sig med tidens gang. Hvis vi kun havde sådanne ting, ville det være vanskeligt for os at indse med vores begrænsede viden, at der er en evig himmel.

Derfor lader Gud os vide, at der er evige ting gennem guldet, der aldrig forandres. Med dette må vi indse, at der er ting, som aldrig forandres, og vi kan dermed have håb om den evige himmel. Rent guld står for den spirituelle tro, der aldrig forandres. Hvis man er vis, vil man forsøge at opnå en tro, der er ligesom det uforanderlige pure guld.

Der er mange ting af rent guld i himlen. Man kan forestille sig, hvor taknemmelige vi vil være bare over at se himlen, der er lavet af det pure guld, hvilket vi har opfattet som den mest værdifulde ting i denne verden!

Men de som er ukloge, værdsætter kun guld som et mål til at øge eller fremvise deres rigdom. På samme måde holder de sig væk fra Gud, og elsker ham ikke, og de vil i sidste ende falde i ildsøen eller søen med brændende svovl, og efterfølgende fortryde: "Jeg ville ikke lide i helvede, hvis bare jeg have opfattet troen som ligeså dyrebar som guldet."

Jeg håber derfor, at du vil være vis og forsøge at besidde himlen ved at opnå en uforanderlige tro frem for denne verdens guld, som du vil være nødt til at efterlade, når engang dit liv på denne jord slutter.

Juveler står for Guds herlighed og kærlighed

Juveler er solide og har et højt brydningsindex. De har og udgiver smukke farver og lys. Da der ikke findes mange af dem, bliver de elsket af mange mennesker, og betragtet som værdifulde. I himlen vil Gud klæde de mennesker, som opnår himlen med tro, i fint linned og smykker dem med juveler for at udtrykke sin kærlighed.

Folk elsker juveler og forsøger at tage sig bedre ud ved at smykke sig med forskellige pyntegenstande. Det vil derfor være frydeligt at modtage strålende juveler i himlen fra Gud!

Nogen vil måske spørge: "Hvad skal vi med juveler i himlen?" Juvelerne i himlen repræsenterer Guds herlighed, og mængden af juveler, som man bliver tildelt, repræsenterer udstrækningen af Gud kærlighed til vedkommende.

Der er utallige typer juveler i himlen, og de har alle farver. De tolv grundsten i Ny Jerusalem er safir med en gennemsigtig mørkeblå farve, smaragd i gennemsigtig grøn, rubin i mørkerød, krysolit i gennemsigtig gulgrøn. Beryl har en blågrøn farve, der minder os om rent havvand, og topas har en mild orange. Krysopras er halvgennemsigtig mørkegrøn, og ametyst har en lys violet eller en mørkelilla farve.

Der ud over er der utallige juveler, som har og udgiver smukke farver såsom jaspis, kalkedon, sardonyks, og hyacint. Alle disse juveler har forskellige navne og betydning ligesom juvelerne på denne jord. Farverne og navnene på juvelerne kombineres for at vise værdighed, stolthed, værdi og herlighed.

Ligesom juveler på denne jord udgiver forskellige farver og

lys i forskellige vinkler, har juvelerne i himlen forskellige lys og farver, og juvelerne i Ny Jerusalem skinner særlig meget og reflekterer lyset dobbelt og tredobbelt.

Disse juveler er indlysende nok meget smukkere end dem, der findes på denne jord, og de kan slet ikke sammenlignes med de jordiske, for Gud har selv slebet dem med skabelseskraften. Apostelen Johannes sagde derfor, at Ny Jerusalem har skønhed som en dyrebar ædelsten.

Juvelerne i Ny Jerusalem udgiver også et smukkere lys end juvelerne på andres opholdssteder, for Guds børn, som kommer til Ny Jerusalem vil fuldstændig have opnået Guds hjerte og vil have gjort ham ære. Ny Jerusalem er derfor smykket med mange slags smukke juveler i forskellige farver både indenfor og udenpå. Disse juveler gives dog ikke til alle, men tildeles i overensstemmelse med den enkeltes gerninger med tro på denne jord.

2. Murene i Ny Jerusalem er lavet af jaspis

Johannesåbenbaringen 21:18 fortæller os, at murene i Ny Jerusalem er "lavet af jaspis." Kan man overhovedet forestille sig de store mure omkring Ny Jerusalem, lavet af jaspis?

Jaspis står for spirituel tro

Jaspis findes på denne jord og er sædvanligvis en massiv og ugennemsigtig sten. Dens farve kan variere fra grøn eller rød til gulgrøn. Nogle af dens farver er blandede og nogle af dem har pletter. Dens massivitet varierer afhængig af farven. Jaspis er relativt billig, og nogle af dem går let i stykker, men den himmelske jaspis, som er fremstillet af Gud, er uforanderlig og går ikke i stykker. Himmelsk jaspis har en blåhvid farve og er gennemsigtig, så det føles som om, man kigger ind i det reneste vand. Selv om det ikke kan sammenlignes med noget på denne jord, ligner det de strålende, blåhvide refleksioner af sollyset over havet.

Denne jaspis står for spirituel tro. Tro er det mest essentielle og fundamentale element i at føre et kristent liv. Uden tro kan man hverken opnå frelse eller behage Gud. Desuden kan man ikke komme i Ny Jerusalem uden den slags tro, der behager Gud.

Ny Jerusalem er således en by, som er bygget med tro, og den juvel, der kan udtrykke farven på denne tro er jaspis. Det er derfor, Ny Jerusalems mure er lavet af jaspis.

Hvis Bibelen fortalte os, at "Ny Jerusalems mure er bygget med tro", hvem ville så være i stand til at forstå betydningen af dette? Dette kunne ikke forstås med almindelig menneskelig tænkning, og det ville være meget vanskeligt for folk at forestille sig, hvor smukt Ny Jerusalem var udsmykket.

Murene, som er lavet af jaspis, skinner klart med lyset fra Guds herlighed og er dekoreret med mange mønstre.

Ny Jerusalem er Gud Skaberens mesterstykke og stedet for evig hvile for den bedste frugt af den 6000 år lange menneskelige civilisation. Hvor må byen være prægtig, smuk og strålende!

Vi må indse, at Ny Jerusalem er lavet med den bedste teknologi og det bedste udstyr, hvis mekanik vi slet ikke kan forestille os.

Er byen ikke synlig udefra selv om murene er gennemsigtige. Dette betyder dog ikke, at folk inden i byen vil føle sig lukket inde af bymurene. Ny Jerusalems beboere kan nemlig se ud af byen indefra, og det får dem til at føle det, som om der slet ikke var nogen mur. Hvor forunderligt må det ikke være!

3. Lavet af det pure guld så klart som glas

I Johannesåbenbaringen 21:18 står der: *"byen var af det pure guld, der så ud som det reneste glas."* Lad os nu se nærmere på dette gulds karakteristika for bedre at forstå Ny Jerusalem og fatte dens skønhed.

Det pure guld har en uforanderlig værdi

Guld oxiderer hverken i luft eller i vand. Det forandrer sig ikke over tid, og udviser ikke nogen kemiske reaktioner overfor andre substanser. Guld har en uforanderlig, smuk glød. Guldet på denne jord er for blødt, så vi laver ofte en legering. Men i himlen er guldet ikke så blødt. Guldet og juvelerne i himlen vil udgive andre farver og have en anden fasthed end materialerne på denne jord, for de modtager lyset fra Guds herlighed.

Selv på denne jord er juvelernes elegance og værdi forskellig afhængig af den teknik og de færdigheder, hvormed de er forarbejdet. Hvor dyrebare og smukke må så ikke juvelerne i Ny Jerusalem være, når de er blevet håndteret og udskåret af selveste Gud?

Der er ikke nogen grådighed eller noget begær efter smukke

og gode ting i himlen. På denne jord har folk en tendens til at elske juveler for deres ødsle og tomme berømmelse, men i himlen er der en spirituel kærlighed til juvelerne, fordi folk forstår den spirituelle betydning af hver af dem, og de opfatter den kærlighed, hvormed Gud har forberedt og smykket himlen med smukke juveler.

Gud har lavet Ny Jerusalem af det pure guld

Hvorfor har Gud så lavet byen Ny Jerusalem af det pure guld, der er så klart som glas? Som det tidligere er blevet forklaret, står det pure guld spirituelt set for tro, for håbet der udspringer af tro, og for rigdom, ære og autoritet. "Håbet der udspringer af tro" betyder håb om frelse, om Ny Jerusalem, om at skille sig af med sine synder, stræben efter at helliggøre sig og at se frem til belønninger med håb på baggrund af troen.

Gud har derfor lavet denne by af det pure guld, sådan at de mennesker, som kommer dertil med passioneret håb, vil være fyldt med taknemmelighed og lykke til evig tid.

Johannesåbenbaringen 21:18 fortæller os at Ny Jerusalem ser ud som "det reneste glas." Dette udtrykker, hvor klart og fint sceneriet i Ny Jerusalem er. Guldet i himlen er klart og rent som glas, til forskel fra det ugennemsigtige guld, der findes på denne jord.

Ny Jerusalem er ren og fin uden nogen plet, for den er lavet af det pure guld. Apostelen Johannes observerede, at byen var *"af det pure guld, der så ud som det reneste glas."*

Prøv at forestille dig Ny Jerusalem lavet af det pure guld og mange slags smukke juveler i forskellige farver.

Efter at jeg tog imod Herren, anså jeg guld og juveler for almindelige sten, og jeg ønskede ikke at besidde dem. Jeg var fuld af håb om himlen, og elskede ikke denne verdens ting. Men da jeg bad for at lære mere om himlen, sagde Herren til mig: "I himlen er alt lavet af smukke juveler og guld, så du burde elske disse ting." Han mente ikke, at jeg skulle begynde at samle guld og juveler, men i stedet at jeg skulle indse Guds forsyn og den spirituelle betydning af juvelerne, og dermed elske dem på den måde, som var passende i Guds øjne.

Jeg tilskynder dig derfor til at have en spirituel kærlighed til guld og juveler. Når man ser guld, skal man tænke: "Jeg burde have en tro som det pure guld." Og når man ser forskellige juveler, kan man have håb om himlen og tænke: "Hvordan vil mon mit hus i himlen være?"

Jeg beder i Herre Jesu Kristi navn om, at du må opnå et himmelsk hus lavet af uforanderligt guld og pragtfulde juveler, ved at opnå en tro som det pure guld og løbe mod himlen.

Kapitel 5

De tolv grundstens betydning

1. Jaspis: Åndelig tro

2. Safir: Retskaffenhed og integritet

3. Kalkedon: Uskyld og offerkærlighed

4. Smaragd: Retfærdighed og renhed

5. Sardonyks: Åndelig trofasthed

6. Sarder: Lidenskabelig kærlighed

7. Krysolit: Barmhjertighed

8. Beryl: Tålmodighed

9. Topas: Åndelig godhed

10. Krysopras: Selvkontrol

11. Hyacint: Renhed og hellighed

12. Ametyst: Skønhed og mildhed

Apostelen Johannes skrev detaljeret om de tolv grundsten. Hvorfor berettede han om Ny Jerusalem med så stor detaljerigdom? Det skyldes, at Gud vil, at hans børn skal opnå det evige liv og den sande tro ved at kende til den åndelige betydning af de tolv grundsten i Ny Jerusalem.

Men hvorfor brugte Gud da ædelsten til grundsten? Betydningen af de tolv ædelsten repræsenterer Jesu Kristi og Guds hjerte, kulminationen af kærlighed. Så hvis man forstår den åndelige betydning af hver af de tolv ædelsten, kan man let fornemme i hvor høj grad ens eget hjerte ligner Jesu hjerte, og om man er kvalificeret til at komme ind i Ny Jerusalem.

Lad os nu se nærmere på de tolv ædelsten og deres åndelige betydning.

1. Jaspis: Åndelig tro

Jaspis, den første grundsten i muren til Ny Jerusalem, står for åndelige tro. Tro kan generelt inddeles i "åndelig tro" og "kødelig tro." Mens den kødelige tro er en tro, der bygger på viden, er den åndelige tro den, der bliver ledsaget af gerninger, som udgår af hjertets grund. Det, som Gud ønsker, er ikke den kødelige, men den åndelige tro. Hvis man ikke har åndelig tro, vil "troen" ikke blive ledsaget af gerninger, og så kan man hverken behage Gud eller komme i Ny Jerusalem.

Åndelig tro er grundlaget for et kristent liv

"Åndelig tro" henviser til den form for tro, hvormed man tror alle Guds ord af hjertets grund. Hvis man har denne form for tro, som ledsages af gerninger, vil man forsøge at helliggøre sig og løbe frem mod Ny Jerusalem. Den åndelige tro er det vigtigste element i at føre et kristent liv. Uden tro kan man hverken blive frelst, få svar på sine bønner, eller have håb om himlen.

I Hebræerbrevet 11:6 står der: *"Men uden tro er det umuligt at behage ham; for den, som kommer til Gud, må tro, at han er til og lønner dem, som søger ham."* Hvis man har sand tro, vil man tro på Gud, som belønner os, og så vil man være i stand til at gøre det gode med flid og komme i Ny Jerusalem, idet man følger Helligånden.

Så sand tro er grundlaget for et kristent liv. Ligesom en bygning ikke er sikker, hvis ikke den er rejst på solid grund, så kan man ikke leve et ordentligt kristent liv uden fast tro. Det er derfor, vi på denne måde tilskyndes i Judas' Brev 1:20-21: *"Men I, mine kære, skal opbygge jer selv på jeres hellige tro og bede i Helligånden. Bevar jer selv i Guds kærlighed, mens I venter på, at vor Herre Jesu Kristi barmhjertighed fører jer til evigt liv."*

Abraham, trosfaderen

Den bibelske person, som i højeste grad troede uforanderligt på Guds ord og udviste gerninger i fuldkommen lydighed, var Abraham. Han blev kaldt "Trosfaderen", fordi han udviste fuldkomne gerninger med uforanderlig tro.

Han fik en stor velsignelse af Gud, da han var 75 år. Det var et løfte om, at Gud ville skabe et stort folk gennem ham, og at han ville være en kilde til velsignelser for dem. Abraham stolede på dette ord og forlod sin hjemby, men der skulle gå mere end 20 år, før han fik den søn, der ville blive deres arving.

Der gik så lang tid, at Abraham og hans kone Sara begge var blevet for gamle til at få børn. Men selv denne situation tog han, som der står i Romerbrevet 4:19-20: *"uden at blive svag i troen."* Tværtimod blev hans tro stærkere, og han troede fuldkommen på Guds løfte. Og dermed fik han sin søn Isak i en alder af 100 år.

Men der var en særlig lejlighed, hvor Abrahams tro skinnede stærkere end nogensinde. Det var, da Gud befalede ham at give sin enbårne søn, Isak, som brændoffer. Abraham tvivlede ikke på Guds løfte om at give ham talløse efterkommere gennem Isak. Da han havde fast tro på Guds ord, tænkte han, at Gud ville genoplive Isak, selv om han gav ham som brændoffer.

Det var derfor, han straks adlød Guds befaling. Derigennem blev Abraham i allerhøjeste grad kvalificeret til at blive trosfader. Og gennem Abrahams efterkommere blev det israelitiske folkeslag dannet. Vi kan se, at hans tro bar frugt i overflod, også i kødet.

Da han stolede på Gud og hans ord, adlød han det, som han fik besked på. Dette er et eksempel på åndelig tro.

Peter fik nøglerne til himmeriget

Lad os nu se nærmere på en anden person, som også havde denne form for åndelig tro. Hvilken form for tro havde apostelen Peter, som fik sit navn indskrevet i en af grundstenene til

Ny Jerusalem? Selv før Peter blev kaldet til discipel, ser vi, at han adlød Jesus; for eksempel da Jesus sagde til ham, at han skulle kaste sit net ud til fangst, og Peter gjorde det med det samme (Lukasevangeliet 5:3-6). Da Jesus sagde til ham, at han skulle komme med et æsel og dets føl, adlød han også med tro (Matthæusevangeliet 21:1-7). Peter adlød, da Jesus sagde, at han skulle gå ned til søen, fange en fisk, og tage en mønt ud af den (Matthæusevangeliet 17:27). Desuden gik han på vandet ligesom Jesus, selv om det kun var i et kort øjeblik. Så vi kan få en fornemmelse af, at Peter havde en enormt stor tro.

Resultatet var, at Jesus anså Peters tro for retfærdig, og gav ham nøglerne til himmeriget, sådan at det, han bandt på jorden, også ville være bundet i himlen, og det, han løste på jorden, også ville være løst i himlen (Matthæusevangeliet 16:19). Peter opnåede en endnu mere fuldkommen tro efter at han fik Helligånden, frimodigt vidnede om Jesus Kristus, og viede sit liv til Guds rige resten af sin tid, indtil han blev martyr.

Vi skal gå frem mod himlen på samme måde som Peter, ære Gud og opnå Ny Jerusalem med en tro, som behager vor Fader.

2. Safir: Retskaffenhed og integritet

Safir, den anden grundsten til muren i Ny Jerusalem, udsender en gennemsigtig mørkeblå farve. Men hvad står safir for rent åndeligt? Den står for retskaffenhed og integritet i sandheden selv, hvormed man kan stå fast overfor enhver fristelse eller nydelse i denne verden. Safir er en sten, som står for sandhedens lys; for at blive ved med at gå den rette vej med uforanderlighed og et retskaffent hjerte, og for at holde sig til Guds vilje under alle forhold.

Daniel og hans tre venner

Et godt eksempel på åndelig retskaffenhed og integritet ser vi i Bibelen, hvor der fortælles om Daniel og hans tre venner Shadrak, Meshak og Abed-Nego. Daniel gik ikke på kompromis med noget, som ikke stemte overens med Guds retfærdighed, selv om det var kongens ordre. Han fastholdt sin retfærdighed overfor Gud, selv da han blev kastet i løvekulen. Gud var så tilfreds med Daniels faste tro, at han beskyttede ham ved at sende en engel til at lukke løvernes munde, og derved kunne Daniel forherlige Gud i allerhøjeste grad.

I Daniels Bog 3:16-18 læser vi om Daniels tre venner, som også fastholdt deres tro med retskafne hjerter, selv om de blev kastet i den flammende ild. De ville ikke begå den synd at tilbede afguder, så de bekendte frimodigt overfor kongen:

> *Nebukadnesar, vi behøver ikke at svare dig! Kommer det dertil, så kan vores Gud, som vi dyrker, redde os. Han kan redde os ud af ovnen med flammende ild og ud af din magt, konge. Og selv om han ikke gør det, skal du vide, konge, at vi ikke vil dyrke din gud, og at vi ikke vil tilbede den guldstøtte, du har opstillet.*

Til sidst skete der det, at Daniels tre venner blev kastet i en ovn, der var syv gange varmere, end den plejede at være., men de fik ikke svedet så meget som et hår på deres hoved. Det skyldtes, at Gud var med dem. Hvor er det forbløffende, at de slet ikke blev brændt, og at lugten af røg ikke hang ved dem! Kongen, som var vidne til det, ærede Gud og forfremmede Daniels tre venner.

Vi skal bede i tro uden tvivl

Jakobsbrevet 1:6-8 fortæller os, hvor meget Gud hader de hjerter, som ikke er retskafne:

> *Men han skal bede i tro, uden at tvivle; for den, der tvivler, der som en bølge på havet, der rejses og brydes af vinden. Det menneske skal ikke bilde sig ind, at det får noget af Herren, tvesindet og ustadigt i al sin færd.*

Hvis vi ikke har retskafne hjerter og derimod tvivler selv det mindste på Gud, er vi tvesindede. De mennesker, som tvivler, har let ved at lade sig rokke af fristelserne i denne verden, fordi de er uopmærksomme og snu. Desuden kan de mennesker, som er tvesindede, ikke se Guds herlighed, for de er ikke i stand til at udvise tro og adlyde. Derfor påmindes vi i Jakobsbrevet 1:7: *"Det menneske skal ikke bilde sig ind, at det få noget af Herren."*

Kort tid efter at jeg havde grundlagt min kirke, var mine tre døtre lige ved at dø af kulilte forgiftning. Men jeg bekymrede mig ikke, og havde ingen intentioner om at tage dem på hospitalet, for jeg stolede fuldkommen på den almægtige Gud. Jeg gik simpelthen op til alteret og knælede for at bede i taknemmelighed. Derefter bad jeg med tro: "Jeg befaler i Jesu

Kristi navn: Giftgas, forsvind!" Og mine døtre, som havde været bevidstløse, rejste sig straks op en efter en, efterhånden som jeg bad for dem. De medlemmer af kirken, som var vidner til det, blev forbløffede og glædede sig, og de ærede Gud.

Hvis vi har en tro, som ikke går på kompromis med denne verden, og et retskaffent hjerte, som behager Gud, kan vi forherlige ham grænseløst og føre velsignede liv i Kristus.

3. Kalkedon: Uskyld og offerkærlighed

Kalkedon, som er den tredje grundsten i muren til Ny Jerusalem, symboliserer rent åndeligt uskyld og offerkærlighed.

Uskyld er den tilstand, hvor man er ren og ubesudlet i gerning, og hjertet ikke har noget fejl. Når man er i stand til at ofre sig med et rent hjerte, er dette hjerte rent åndeligt som kalkedon.

Offerkærlighed er den form for kærlighed, som aldrig beder om noget til gengæld, og som agerer for retfærdigheden og Guds rige. Hvis man har offerkærlighed, vil man kun være tilfreds, når man elsker andre under alle omstændigheder og ikke søger at få noget til gengæld. For den åndelige kærlighed søger ikke egen vinding, som kan andres bedste.

Med kødelig kærlighed vil man dog føle sig tom, trist og knust, hvis man ikke modtager kærlighed fra andre, for denne form for kærlighed er grundlæggende selvisk. Så et menneske med kødelig kærlighed og uden offervilje kan i sidste ende komme til at hade andre mennesker eller være i fjendskab med dem, selv om han tidligere har været dem nær.

Vi skal derfor indse, at den sande kærlighed er Herrens kærlighed, for han elskede hele menneskeheden og blev sonoffer for os.

Offerkærlighed som ikke søger noget til gengæld

Vor Herre Jesus, som er selve Guds natur, gjorde ikke noget ud af sig selv, og han gjorde sig ydmyg og kom ned til jorden i kød for at frelste menneskeheden. Han blev født i en stald og lagt i en krybbe for at frelse menneskene, der var ligesom dyr, og han førte et fattigt liv for at frelse os fra fattigdom. Jesus helbredte de syge, styrkede de svage, gav de hjælpeløse håb og de udstødte venskab. Han viste os kun godhed og kærlighed, men blev selv hånet, pisket og til sidst korsfæstet, bar en tornekrone på sit hoved og blev mishandlet af de onde, som ikke indså, at han var kommet som vores frelser.

Selv mens Jesus led under smerterne ved korsfæstelsen, bad han til Gud Fader i kærlighed til de mennesker, som hånede ham og korsfæstede ham. Han var skyldfri og pletfri, men ofrede sig for menneskene, som var syndere. Vor Herre udviste denne offerkærlighed til hele menneskeheden, og han vil, at vi alle skal elske hinanden. Så vi, der har fået denne form for kærlighed fra Herren, skal ikke ønske eller forvente at få noget igen, hvis vi i sandhed elsker andre.

Ruth udviste offerkærlighed

Ruth var ikke israelit, men i stedet moabit. Hun giftede sig med No'omis søn, som var kommet til landet Moab for at undslippe hungersnøden i Israel. No'omi havde to sønner, og de blev begge gift med moabitiske kvinder. Men begge sønner døde.

I denne situation hørte No'omi nu, at hungersnøden var overstået i Israel, så hun ønskede at rejse tilbage. No'omi foreslog sine svigerdøtre, at de skulle blive i Moab, deres hjemland. Den ene afslog først, men tog alligevel hjem til sine forældre. Ruth insisterede derimod på at følge med sin svigermor.

Hvis Ruth ikke havde haft offerkærlighed, kunne hun ikke have gjort det. Ruth måtte sørge for sin svigermor, for hun var meget gammel. Desuden ville hun komme til at leve i et land, der var fuldkommen fremmed for hende. Der var ingen belønning til hende, selv om hun tjente sin svigermor efter bedste evne.

Men Ruth udviste offerkærlighed overfor sin svigermor, som hun ikke havde noget blodbånd til, og som på sin vis var som en fremmed for hende. Det skyldtes, at Ruth også troede på den Gud, som hendes svigermor troede på. Det betød, at Ruths offerkærlighed ikke kun udsprang af pligtfølelse. Det var en åndelig kærlighed, som kom af tro på Gud.

Ruth kom til Israel sammen med sin svigermor og arbejdede hårdt. Om dagen samlede hun aks på marken for at få mad og hun tjente derigennem sin svigermor. Denne oprigtige gerning i godhed blev naturligvis kendt mellem befolkningen på stedet. Til sidst fik Ruth mange velsignelser gennem Boaz, som var en slægtning til hendes svigermor.

Mange mennesker tror, at hvis de gør sig ydmyge og ofrer sig, så vil deres værdi blive mindre. Derfor er de ikke i stand til at ofre sig og gøre sig ydmyge. Men de mennesker, som ofrer sig uden nogen selviske motiver og med oprigtige hjerter, vil blive åbenbaret for Gud og folk. Deres godhed og kærlighed vil skinne for andre som åndelige lys. Gud sammenligner lyset af denne offerkærlighed med lyset fra kalkadon, den tredje grundsten.

4. Smaragd: Retfærdighed og renhed

Smaragd, den fjerde grundsten til muren i Ny Jerusalem, er grøn og symboliserer den smukke og milde grønne natur. Smaragd symboliserer rent åndeligt retfærdighed og renhed, og den står for lysets frugt, som der står i Efeserbrevet 5:9: *"For lysets frugt er lutter godhed, retfærdighed og sandhed."* Den grønne farve er en harmoni af "godhed, retfærdighed og sandhed", som er smaragdens åndelige lys. Først når vi har både godhed, retfærdighed og sandhed, kan vi i sandhed være retfærdige i Guds øjne.

Der kan ikke være godhed uden retfærdighed, eller retfærdighed uden godhed. Og godhed og retfærdighed skal være sandfærdige. Sandheden er uforanderlig. Så selv om vi har godhed og retfærdighed, så er disse egenskaber meningsløse uden sandfærdighed.

Den "retfærdighed", som Gud anerkender, er at skille sig af med synderne, overholde de bud, som findes i Bibelen, rense sig for alle former for uretfærdighed, være trofast af hele ens liv og så videre. At søge Guds rige og retfærdighed, være retskaffen og disciplineret, undlade at fare vild fra retfærdigheden, at stå fast på det rette og mange flere ting er alle dele af den retfærdighed, som anerkendes af Gud.

Uanset hvor sagtmodige og gode vi end måtte være, vil vi ikke bære lysets frugt, hvis ikke vi er retfærdige. Lad os antage, at nogen griber din far ved halsen og fornærmer ham, selv om han er uskyldig. Hvis du tier stille og bare ser til, mens din far lider, så kan vi ikke kalde det retfærdighed. Det kan ikke siges, at du gør din pligt overfor din far.

Så godhed uden retfærdighed er ikke åndelig godhed i Guds øjne. Hvordan kan et snedigt og ubeslutsomt sind være godt? Omvendt kan retfærdighed uden godhed heller ikke være retfærdig i Guds øjne, men kun i ens egne øjne.

Davids retfærdighed og renhed

David var den anden konge i Israel, lige efter Saul. Da Saul var konge, var Israel i krig mod filistrene. David behagede Gud med sin tro og overvandt Goliat. Derigennem vandt Israel sejren.

Og folket elskede David efter denne hændelse, men Saul forsøgte at slå David ihjel på grund af jalousi. Saul var allerede blevet forsaget af Gud på grund af sin arrogance og ulydighed. Gud lovede, at han ville gøre David til konge i stedet for Saul.

Men selv i denne situation behandlede David Saul med godhed, retfærdighed og sandhed. Han var uskyldig, men måtte flygte fra Saul, som forsøgte at slå ham ihjel gennem længere tid. En gang skete det, at David havde god mulighed for at slå Saul ihjel. De krigere, som var sammen med David, var glade og ville dræbe kongen, men David forhindrede dem i det.

I Første Samuelsbog 24:6 står der: *"Han [David] sagde til sine mænd: 'Herren bevare mig fra at gøre dette mod min herre, mod Herrens salvede! Jeg lægger ikke hånd på ham, for han er Herrens salvede.'"*

Selv om Saul var blevet forsaget af Gud, kunne David ikke gøre ham ondt, for han var den konge, som Gud havde salvet. Magten til at lade Saul leve eller dø var Guds, og David overskred ikke sine beføjelser. Gud anså dermed Davids hjerte for retfærdigt.

Denne retfærdighed blev åbenbaret sammen med rørende godhed. Saul forsøgte at slå David ihjel, men David skånede Sauls liv. Dette viser en stor godhed. Han gengældte ikke ondt med ondt, men udviste i stedet gode ord og gerninger. Denne godhed og retfærdighed var sandfærdig, hvilket betyder, at den kom fra sandheden selv.

Da Saul fandt ud af, at David havde skånet hans liv, blev han rørt af Davids godhed, og det virkede som om, han skiftede mening. Men snart ændrede han sig igen, og forsøgte på ny at slå David ihjel. Endnu en gang fik David muligheden for at slå Saul ihjel, men lod ham leve. David udviste en uforanderlig godhed og retfærdighed, som blev anerkendt af Gud.

Hvis David nu havde slået Saul ihjel, første gang han fik muligheden for det, ville han så være blevet konge tidligere og kunne han havde undgået de mange lidelser? Ja, selvfølgelig kunne han det. Men selv om vi bliver udsat for mange lidelser og vanskeligheder, skal vi have hjerte til at vælge Guds retfærdighed. Og hvis vi bliver anerkendt af Gud som retfærdige, vil han stå inde for os på en helt anden måde.

David slog ikke selv Saul ihjel. Saul blev slået ihjel af ikke-jøder. Og da Gud stod inde for David, blev han konge over Israel. Da David blev konge, var det desuden muligt for ham at skabe en stærk nation. Den mest grundlæggende årsag var, at Gud var meget tilfreds med Davids retfærdige og rene hjerte.

På samme måde skal vi være harmoniske og fuldkomne i godhed, retfærdighed og sandhed, sådan at vi kan bære lysets frugt i overflod – frugten af smaragd, den fjerde grundsten – og udsende en duft af retfærdighed, som behager Gud.

5. Sardonyks: Åndelig trofasthed

Sardonyks, den femte grundsten til murene i Ny Jerusalem, symboliserer rent åndeligt trofasthed. Hvis vi bare gør det, vi skal, kan vi ikke sige, at vi er trofaste. Vi kan først sige, at vi er trofaste, når vi gør mere end det, der forventes af os. Hvis vi skal gøre mere end det, vi er forpligtet til, kan vi ikke være dovne. Vi er nødt til at være flittige og arbejde hårdt på alle områder, når vi gør vores pligter, og så skal vi også gøre mere end bare det.

Lad os forestille os, at du er ansat. Hvis du kun gør dit arbejde godt, kan vi så sige, at du er trofast? Du gjorde jo bare det, du skulle, så vi kan ikke sige, at du er hårdtarbejdende og trofast. Du skal ikke kun udføre de opgaver, der er blevet givet dig, men også forsøge af hjerte og sind at gøre mere den det. Først da kan man sige, at du er trofast.

Den hårdtarbejdende trofasthed, som Gud anerkender, er

at gøre sin pligt af hele sit hjerte, sind, sjæl og liv. Og denne form for trofasthed skal udføres på alle områder: I kirken, på arbejdspladsen, og i familien. Så kan man sige, er man er trofast i hele Guds hus.

At være åndeligt trofast

Hvis man vil have åndelig trofasthed, skal man først have et retfærdigt hjerte. Vi skal længes efter at øge Guds rige, efter kirkelig vækkelse og vækst, efter at vores arbejdspladser trives og at vores familier er glade. Hvis vi gør dette uden at søge vores eget bedste, men ønsker det bedste for andre og for samfundet, så er det at have et retfærdigt hjerte.

For at være trofast skal man sammen med dette retfærdige hjerte også have et offervilligt hjerte. Hvis vi bare tænker: ”Det vigtigste er, at jeg selv trives, ikke om kirken også vokser”, så vil vi sandsynligvis ikke ofre os for kirken. Vi kan ikke finde trofasthed i mennesker af denne type. Og Gud kan ikke sige, at denne form for hjerte er retfærdigt.

Ud over denne retfærdighed skal vi arbejde trofast for sjælenes frelse og kirken, hvis vi også vil have et hjerte med offervilje. Hvis vi ikke har nogen fast pligt, skal vi prædike budskabet med flid. Selv om ingen beder os om det, vil vi tage hånd om de andre sjæle. Vi vil ofre vores fritid for at tage vare på sjælene. Vi vil også bruge vores egne penge til fordel for de andre sjæle og give dem al vores kærlighed og trofasthed.

For at være trofast på alle områder, skal vi også have godhed i hjertet. De mennesker, som har gode hjerter, vil ikke tage parti for det ene eller det andet. Hvis vi har overset noget vigtigt, vil vi føle os urolige over det, hvis vi har godhed i hjertet.

Hvis man har godhed i hjertet, vil man være trofast i alle sine pligter. Man vil ikke overse andre grupper og tænke: "Når nu jeg er leder i denne gruppe, så vil medlemmerne af den anden gruppe forstå, at jeg ikke kan komme til deres møde." Man vil mærke i sin godhed, at man ikke bør overse den anden gruppe. Så selv om man ikke kan være til stede vil mødet, vil man gøre noget for også at tage sig denne gruppe.

Denne indstilling vil vokse i takt med graden af godhed i hjertet. Hvis man kun har en lille smule godhed, vil man ikke tage hånd om den anden gruppe i særlig høj grad. Men hvis man har større godhed, vil man ikke bare kunne ignorerer dem, for det vil skabe uro i hjertet. Man vil kunne mærke hvilke handlinger, der er gode, og når man ikke følger godheden, vil det være svært at bære. Man vil kun have fred, når man handler i godhed.

De mennesker, som har gode hjerter, vil opleve ubehag, hvis de ikke gør det, de bør gøre i en given situation, uanset om det er på arbejdspladsen eller i hjemmet. De undskylder sig ikke med, at tingene ikke kunne lade sig gøre.

Lad os for eksempel forestille os et kvindeligt medlem, som har mange titler i kirken. Hun bruger meget tid i kirken, og er derfor mindre sammen med sin mand og sine børn, end hun tidligere var.

Hvis hun virkelig har et godt hjerte og er trofast på alle områder, vil hun give sin mand og sine børn endnu mere kærlighed og tage sig endnu mere af dem, selv om hun har mindre tid sammen med dem. Hun vil gøre sit bedste på alle områder og i alle former for arbejde.

Så vil folk omkring hende være i stand til at mærke den sandfærdige duft af hendes hjerte, og de vil være tilfredse. Da de mærker hendes godhed og oprigtige kærlighed, vil de forsøge at forstå og hjælpe hende. Resultatet er, at hun vil være i fred med alle. Dette er at være trofast i hele Guds hus med et godt hjerte.

Ligesom Moses var trofast i hele Guds hus

Moses var en profet, der var anerkendt af Gud i den udstrækning, at Gud talte med ham ansigt til ansigt. Moses udførte alle sine pligter fuldkommen for at gennemføre de ting, Gud havde befalet, og uden at tænke over sine egne vanskeligheder. Israelitterne blev ved med at beklage sig og være ulydige, når de kom ud for vanskeligheder, selv efter at de havde været vidner til Guds tegn og undere, men Moses blev ved med at føre dem med tro og kærlighed. Selv da Gud var vred på israelitterne på grund af deres synder, vendte Moses sig ikke fra dem. Han rettede sig mod Herren og sagde følgende:

> *"Ak, dette folk har begået en stor synd; de har lavet sig en gud af guld. Gid du dog ville tilgive dem deres synd! Men hvis ikke, så slet mig af den bog, du fører"*
> (Anden Mosebog 32:31-32).

Han fastede på folkets vegne med risiko for eget liv, og var mere trofast end Gud forventede af ham. Derfor anerkendte Gud Moses og stod inde for ham, og han sagde: *"Han er den betroede i hele mit hus"* (Fjerde Mosebog 12:7).

Den trofasthed, som sardonyks symboliserer, er at være trofast indtil døden, som der står i Johannesåbenbaringen 2:10. Det er kun muligt, når vi elsker Gud mere end alt andet. Det betyder, at vi må give al vores tid og penge, og selv vores liv, mens vi af hele vores hjerte og sind gør mere end det, der forventes af os.

I gamle dage var der loyale rådgivere, som assisterede kongen og var trofaste overfor deres land, til tider i så høj grad at de ofrede deres eget liv. Hvis kongen var en tyran, ville de virkelig loyale rådgivere anbefale kongen at følge den rette vej, selv om det let kunne betyde, at de ville miste deres liv. De kunne blive sendt i eksil eller slået ihjel, men de var loyale, fordi de elskede kongen og landet, selv om denne kærlighed ville koste dem livet.

Vi må elske Gud mere end alt andet og gøre mere end det, der forventes af os, på samme måde som de loyale rådgivere opgav deres liv for landet, og på samme måde som Moses var betroet i hele Guds hus og øgede Guds rige og retfærdighed. Vi skal ofre os uden at tøve, og være trofaste på alle områder af vores liv, sådan at vi vil få de rette kvalifikationer til at komme ind i Ny Jerusalem.

6. Sarder: Lidenskabelig kærlighed

Sarder har en gennemsigtig mørkerød farve og symboliserer den flammende sol. Den er den sjette grundsten til murene i Ny Jerusalem og rent åndeligt symboliserer den lidenskab, entusiasme, og lidenskabelig kærlighed i forhold til at opnå Guds rige og retfærdighed. Den er det hjerte, hvormed man trofast udfører de givne opgaver og forpligtelser af al styrke.

Forskellige niveauer af lidenskabelig kærlighed

Der er mange niveauer af kærlighed, og de kan helt overordnet inddeles i åndelig kærlighed og kødelig kærlighed. Åndelig kærlighed er uforanderlig, fordi den er givet af Gud, men kødelig kærlighed forandrer sig med lethed, fordi den er selvisk.

Uanset hvor sand en kærlighed verdslige mennesker kan føle, så kan den aldrig være ligesom åndelig kærlighed, der er ligesom Herrens, og som kun kan opnås gennem sandheden. Vi kan ikke have åndelig kærlighed lige fra det øjeblik, vi tager imod Herren og lærer om sandheden. Vi kan først opnå den, når vi følger Herrens hjerte.

Har du denne åndelige kærlighed? Du kan undersøge dig selv med denne definition af åndelig kærlighed, som findes i Første Korintherbrev 13:4-7:

> *Kærligheden er tålmodig, kærligheden er mild, den misunder ikke, kærligheden praler ikke, bilder sig ikke noget ind. Den gør intet usømmeligt, søger ikke sit eget, hidser sig ikke op, bærer ikke nag. Den finder ikke sin glæde i uretten, men glæder sig ved sandheden. Den tåler alt, tror alt, håber alt, udholder alt.*

Hvis for eksempel vi er tålmodige, men egoistiske, eller hvis vi undlader at hidse os op, men opfører os usømmeligt, så har vi endnu ikke opnået den åndelige kærlighed, som Paulus skriver om. Vi kan ikke undvære så meget som en enkelt ting, hvis vi skal have sand åndelige kærlighed.

Hvis på den anden side du stadig oplever en fornemmelse af ensomhed eller tomhed, selv om du tror, at du har åndelig kærlighed, så er det fordi, du vil have noget igen, selv om du ikke indser det. Dit hjerte er endnu ikke blevet fyldt fuldkommen med den sande åndelige kærlighed.

Når du omvendt er fyldt af den åndelige kærlighed, vil du aldrig føle dig ensom eller tom, men altid være glad, lykkelig og taknemmelig. Den åndelige kærlighed glæder sig over at give: Jo mere, man giver, jo mere glad, taknemmelig og lykkelig vil man være.

Den åndelige kærlighed fryder sig over at give

I Romerbrevet 5:8 står der: *"Men Gud viser til kærlighed til os, ved at Kristus døde for os, mens vi endnu var syndere."*

Gud elsker Jesus, hans enbårne søn, meget højt, for Jesus er sandheden selv og ligne dermed Gud fuldkommen. Men Gud gav os alligevel sin eneste søn som sonoffer. Hvor er Guds kærlighed stor og dyrebar!

Gud demonstrerede sin kærlighed til os ved at ofre sin enbårne søn. Derfor står der i Første Johannesbrev 4:16: *"Vi kender og tror på den kærlighed, som Gud har til os. Gud er kærlighed, og den, der bliver i kærligheden, bliver i Gud, og Gud bliver i ham."*

Vi må have Guds kærlighed, sådan at vi kan ofre os og glæde os over at give, hvis vi vil ind i Ny Jerusalem. Så kan vi skabe de beviser, som vidner om vores liv i Gud.

Apostelen Paulus' lidenskabelige kærlighed til sjælene

Der er en bibelsk person, som har dette lidenskabelige hjerte, der er ligesom sarder, og som hengiver sig til Guds rige. Det er apostelen Paulus. Fra han mødte Herren og indtil hans død, udførte han uforanderligt sine gerninger i kærlighed til Herren. Som apostel for ikke-jøderne frelste han mange sjæle og grundlagde mange kirker gennem sine tre missionsrejser. Han vidnede konstant om Jesus Kristus, indtil han blev slået ihjel som martyr i Rom.

Som apostel for ikke-jøderne var Paulus' tilværelse ofte hård og fuld af farer. Han oplevede mange livstruende situationer og blev konstant forfulgt af jøderne. Han blev slået og sat i fængsel, og han oplevede skibbrud tre gange. Han kunne ofte ikke sove, og måtte undvære mad og drikke, og han blev udsat for både kulde og hede. Under sine missionsrejser oplevede han mange situationer, som ville være vanskelige at bære for et almindeligt menneske.

Men Paulus fortrød aldrig sit valg. Han tænke ikke i så meget som et øjeblik: "Det er for svært, og nu vil jeg hvile mig lidt..." Hans hjerte vaklede aldrig, og han frygtede aldrig noget. Selv om han gennemgik mange problemer, var hans største bekymring altid kirken og de troende.

Som han bekender i Andet Korintherbrev 11:28-29: *"Hertil kommer det, som dagligt trykker mig: bekymringen for alle menighederne. Hvem er magtesløs, uden at jeg også er magtesløs? Hvem falder fra, uden at det svier i mig?"*

Indtil den dag, hvor Paulus til sidst udåndede, udviste han

lidenskab og ildhu, idet han konstant arbejdede for sjælenes frelse. Vi kan se hans lidenskabelige ønske om at frelse sjælene i Romerbrevet 9:3, hvor der står: *"Jeg ville ønske, jeg selv var forbandet og skilt fra Kristus, hvis det kunne hjælpe mine brødre og landsmænd."*

Udtrykket "mine brødre" henviser her ikke kun til familie og slægtninge. Det henviser til alle israelitterne, inklusiv de jøder, som forfulgte ham. Han siger, at han ville vælge selv at komme i Helvede, hvis bare det kunne hjælpe dem med at opnå frelse. Vi kan se, at han havde en lidenskabelig kærlighed til sjælene, og at hans ildhu for frelsen var stor.

Denne lidenskabelige kærlighed til Herren, ildhuen og det konstante arbejde for andre sjæles frelse repræsenteres ved sarders røde farve.

7. Krysolit: Barmhjertighed

Krysolit, den syvende grundsten til muren i Ny Jerusalem, er en gennemsigtig eller halvgennemsigtig sten, som udsender gule, grønne, blå eller rosa farver, og som til tider synes at være fuldkommen gennemsigtig.

Hvad symboliserer krysolit rent åndeligt? Den åndelige betydning er barmhjertighed, det vil sige i sandhed at forstå de mennesker, som ikke kan forstås, og i sandhed at tilgive de mennesker, som ikke kan tilgives. At forstå og tilgive i sandhed er at forstå og tilgive med kærlighed og godhed. Krysolit symboliserer den barmhjertighed, hvormed vi favner andre i kærlighed.

De mennesker, som har denne barmhjertighed, har ikke

nogen fordomme. De tænker ikke: "Jeg kan ikke lide ham på grund og det ene. Jeg kan ikke lide hende på grund af det andet..." De har ikke noget imod nogen og hader ikke nogen. Og de har naturligvis ikke nogen fjender.

De forsøger kun at betragte alt på den smukkeste måde. De favner alle. Så selv om de står overfor et menneske, som har begået en alvorlig synd, vil de kun udvise medfølelse. De hader synden, men ikke synderen. De vil hellere forstå ham og favne ham. Det er barmhjertighed.

Det barmhjertige hjerte illustreres gennem Jesus og Stefanus

Jesus viste barmhjertighed overfor Judas Iskariot, som ville sælge ham til jøderne. Jesus vidste fra begyndelsen, at Judas Iskariot ville bedrage ham. Ikke desto mindre udelukkede Jesus ham ikke og holdt ham heller ikke på afstand. Han havde ikke modvilje mod ham og hadede ham ikke. Jesus elskede ham indtil det sidste, og han gav ham alle muligheder for at omvende sig. For Jesus havde et barmhjertigt hjerte.

Selv da Jesus var sømmet til korset, beklagede han sig ikke og følte ikke had mod nogen. Han gik i forbøn for de mennesker, som påførte ham smerte og skade, som vi kan læse i Lukasevangeliet 23:34, hvor der står: *"Fader, tilgiv dem, for de ved ikke, hvad de gør."*

Stefanus havde også denne form for barmhjertighed. Selv om han ikke var apostel, var han fuld af nåde og kraft. De onde mennesker var misundelige på ham, og stenede ham til sidst til døde. Men selv mens Stefanus blev stenet, bad han for de mennesker, som var ved at slå ham ihjel. Det er nedfældet i Apostlenes Gerninger 7:60: *"Han faldt på knæ og råbte med høj røst: "Herren, tilregn dem ikke denne synd." Og da han havde sagt dette, sov han hen."*

Stefanus bad for de mennesker, som var ved at slå ham ihjel, og det viser, at han allerede havde tilgivet dem. Han havde ikke noget had til dem. Det fortæller os, at han havde opnået barmhjertighedens frugt til fuldkommenhed, og at han havde medfølelse med disse mennesker.

Hvis der er nogen, du ikke kan lide blandt dine familiemedlemmer, brødre i troen eller kolleger på arbejdspladsen, eller hvis der er nogen, om hvem du tænker: "Jeg kan ikke lide hans indstilling, han modsætter sig altid det, jeg siger, og jeg bryder mig ikke om ham", eller hvis du bare holder dig væk fra bestemte personer af forskellige årsager, har det så noget med barmhjertighed at gøre?

Vi bør ikke føle modvilje eller had overfor nogen. Vi skal være i stand til at forstå, acceptere og vise godhed overfor alle og enhver. Gud Fader viser os barmhjertighedens skønhed med ædelstenen krysolit.

Det barmhjertige hjerte favner alt

Så hvad er da forskellen på kærlighed og barmhjertighed?

Åndelig kærlighed er at ofre sig uden at søge sine egne interesser eller egen vinding, og ikke at forvente nogen form for gengæld, mens barmhjertighed lægger større vægt på tilgivelse og tolerance. Med andre ord er barmhjertighed det hjerte, som forstår og elsker selv de mennesker, som ikke kan forstås og elskes. Barmhjertigheden hader ikke og håner ikke nogen, men styrker og trøster. Hvis man har dette varme hjerte, vil man ikke påpege andres fejl og mangler, men i stedet favne dem, sådan at man kan have et godt forhold til dem.

Men hvordan skal vi så opføre os overfor onde mennesker? Vi må huske, at vi alle sammen har været onde, men at vi er kommet til Gud, fordi nogen har ført os til sandheden i kærlighed og tilgivelse.

Når vi kommer i kontakt med løgnere, glemmer vi ofte, at vi også plejede at lyve med henblik på egen vinding, før vi kom til at tro på Gud. I stedet for at undgå disse mennesker, skal vi udvise barmhjertighed, sådan at de kan omvende sig fra deres onde veje. Først når vi forstår dem og fører dem med tolerance og kærlighed, indtil de indser sandheden, kan de forandres og komme frem til sandheden. På samme måde er det barmhjertighed at behandle alle på samme måde uden nogen fordomme, uden at fornærme nogen, og at forsøge at forstå alt på en god måde, uanset om man selv synes om det eller ej.

8. Beryl: Tålmodighed

Beryl er den ottende grundsten til murene i Ny Jerusalem, og den har en mørk blå eller grøn farve, der minder os om det dybe hav. Så hvad er den åndelige betydning af beryl? Den symboliserer tålmodighed i alle forhold med henblik på at opnå Guds rige og retfærdighed. Beryl står for udholdenhed i kærlighed, selv overfor de mennesker som forfølger, forbander og hader dig, mens du selv undlader at hade, skændes eller kæmpe imod dem.

I Jakobsbrevet 5:10 tilskyndes vi på følgende måde: *"Brødre, tag profeterne, der talte i Herrens navn, som jeres forbillede."* Vi kan forandre andre, når vi er tålmodige overfor dem.

Tålmodighed er frugten af Helligånden og af åndelig kærlighed

Vi kan læse om tålmodighed som en af Helligåndens ni frugter i Galaterbrevet 5, og som kærlighedens frugt i Første Korintherbrev 13. Er der forskel på tålmodighed som Helligåndens frugt eller som kærlighedens frugt?

På den ene side henviser tålmodighed i kærlighed til den tålmodighed, som er nødvendig for at udholde personlige stridigheder, såsom at være tålmodig med dem, der fornærmer dig eller i forhold til de mange former for vanskeligheder, du kan komme ud for i tilværelsen. Tålmodighed som Helligåndens frugt er derimod tålmodighed i sandhed og tålmodighed overfor Gud i alle forhold.

Derfor er tålmodighed som Helligåndens frugt et bredere begreb, der inkluderer tålmodighed i personlige anliggender og i relation til Guds rige og retfærdighed.

Forskellige former for tålmodighed i sandhed

Tålmodigheden til at opnå Guds rige og retfærdighed kan inddeles i tre kategorier.

For det første er der tålmodigheden mellem Gud og os. Vi skal være tålmodige, indtil Guds løfte opfyldes. Gud Fader er trofast; når han har sagt noget, vil han helt sikkert gøre det uden at trække det tilbage. Så hvis vi har fået et løfte af Gud, skal vi være tålmodige, indtil det bliver opfyldt.

Og hvis vi har bedt Gud om noget, skal vi være tålmodige, indtil svaret kommer. Nogle troende siger det følgende: "Jeg beder hele natten og fasten, men der kommer stadig intet svar." Det er ligesom bonden, der sår sin sæd, og snart efter graver jorden om, fordi der ikke er kommet nogen frugter. Hvis vi har sået sæden, skal vi være tålmodige, mens den spirer, vokser op, blomstrer og til sidst sætter frugt.

En bonde trækker ukrudtet op og beskytter afgrøderne fra skadelige insekter. Han arbejder hårdt i sit ansigts sved for at få frugt. På samme måde er der ting, som skal gøres, hvis vi vil have svar på det, vi har bedt om. Vi skal opfylde det rette mål i forhold til de syv Ånder: Tro, glæde, bøn, taknemmelighed, hårdt arbejde, trofasthed, overholdelse af bud og kærlighed.

Gud svarer os kun straks, hvis vi opfylde det nødvendige mål af tro. Vi skal forstå, at den tid, vi er tålmodige i vores forhold til Gud, er en tid, som bliver brugt på at få et endnu mere fuldkommens svar, så vi skal fryde os og være taknemmelige.

For det andet er der tålmodighed mellem mennesker. Denne tålmodighed er en del af den åndelige kærlighed. For at elske et andet menneske i et hvilket som helst forhold, skal vi have tålmodighed.

Vi har brug for tålmodighed til at tro på det andet menneske, bære over med ham og håbe, at han vil trives. Selv om han gør noget, som er det modsatte af, hvad vi havde forventet, så skal vi være tålmodige under alle forhold. Vi skal forstå, acceptere, tilgive, give efter og være tålmodige.

De mennesker, som forsøger at forkynde for andre, kan godt opleve at blive forbandet og forfulgt. Men hvis de bare har tålmodige hjerter, vil de være i stand til at besøge de samme mennesker igen med smil på læberne. De fryder sig og er taknemmelige, og de giver aldrig op, for de har tilstrækkelig kærlighed til at frelse disse sjæle. Når de udviser denne form for tålmodighed med godhed og kærlighed til det menneske, som de forkynder for, vil mørket forsvinde fra ham på grund af deres lys, og personen kan åbne sit hjerte, tage imod og blive frelst.

For det tredje er det tålmodighed til at forandre hjertet.

At forandre hjertet er at trække usandheden og ondskaben ud af vores hjerter med rod, og at plante sandhed og godhed i stedet. At forandre vores hjerter er ligesom at rydde en mark. Vi skal fjerne stenene og trække ukrudtet op. Til tider skal vi pløje jorden. Så bliver den en god mark, og hvad som helst vi sår, vil vokse op og bære frugt.

Det er det samme med menneskets hjerte. I den udstrækning, vi finder ondskab i vores hjerter og skiller os af med den, kan vi have god jord i vores hjerter. Når så Guds ord bliver sået, kan det spire, vokse op og bære frugt. Og ligesom vi skal svede og arbejde hårdt for at rydde jorden, så skal vi gøre det samme, når vi forandrer vores hjerter. Vi skal råbe oprigtigt ud i bøn af al vores styrke og af hele vores hjerte. Så kan vi få Helligåndens kraft til at pløje det kødelige hjerte, som var det ufrugtbar jord.

Denne proces er ikke altid så let, som man kunne tro. Det er derfor, nogle mennesker kan føle, at det er en byrde, miste modet og blive fortvivlede. Derfor har vi brug for tålmodighed. Selv om det ser ud til, at vi kun forandrer os ganske langsomt, skal vi ikke blive skuffede eller opgive.

Vi skal huske Herrens kærlighed, hvormed han døde på korset for os, og så kan vi få ny styrke til at kultivere hjertets mark. Vi skal også rette blikket mod Guds kærlighed og de velsignelser, han vil give os, når vi har kultiveret vores hjerte fuldkommen. Så kan vi blive ved med at arbejde med større taknemmelighed.

Hvis vi ikke havde nogen ondskab i os, ville ordet "tålmodighed" ikke være nødvendigt. På samme måde ville der ikke være brug for tålmodighed, hvis vi kun havde kærlighed, tilgivelse og forståelse i os. Så Gud vil, at vi skal have den form for tålmodighed, hvor ordet "tålmodighed" ikke er nødvendigt. Rent faktisk har Gud, som er godheden og kærligheden selv, ikke brug for tålmodighed. Men han fortæller os, at han er "tålmodig" med os, for at hjælpe os med at forstå tålmodigheden. Vi skal indse, at jo mere vi har brug for at udvise tålmodighed under forskellige forhold, jo ondere hjerter har vi i Guds øjne.

Hvis vi ikke føler, at vi har brug for at være tålmodige, når vi har opnået tålmodighedens fuldkomne frugt, så vil vi altid være glade, kun høre gode nyheder fra her og der, og føle os så lette i vores hjerter at det er som om, vi går på skyerne.

9. Topas: Åndelig godhed

Topas, den niende grundsten til murene i Ny Jerusalem, er

en gennemsigtig sten med blandede rødlige og orange farver. Den åndelige betydning af topas er åndelig godhed. Godhed er den kvalitet at være venlig, hjælpsom og ærlig. Men den åndelige betydning af godhed er dybere.

Der er også godhed blandt Helligåndens ni frugter, og den har den samme betydning som godheden ved topas. Den åndelige betydning af godhed er at søge godheden i Helligånden.

Ethvert menneske skelner mellem rigtigt og forkert med sin egen standart. Dette kaldes samvittighed. Samvittigheden er forskellig alt afhængig af tid, land og folk.

Men der er kun en standart for den åndelige godhed: Guds ord, som er sandheden. Derfor er det ikke åndelig godhed, hvis vi kun søger det, vi selv mener er rigtigt. At søge godheden i Guds øjne er åndelig godhed.

I Matthæusevangeliet 12:35 står der: *"Et godt menneske tager gode ting frem af sit gode forråd."* På samme måde vil de mennesker, som har åndelig godhed, helt naturligt udvise denne godhed. Hvor de end går og hvem de end møder, vil der udgå gode ord og gode gerninger fra dem.

Ligesom de mennesker, som tager parfume på, vil have en behagelig duft, så vil duften af godhed udgå fra de mennesker, som er gode. De vil nemlig udgive en duft af Kristi godhed. Derfor kan det ikke kaldes godhed, hvis man kun søger godheden i hjertet. Hvis vi af hjertet søger det gode, vil vi helt naturligt udsende en duft af Kristus vores ord og gerninger. Vi skal have den moralske dyd og kærlighed til at elske folk omkring os på denne måde. Det er godhed i en sand, åndelig forstand.

Standartmålet for åndelig godhed

Gud er god, og godheden findes i hele Bibelen, som er Guds ord. Der er også vers i Bibelen som i særlig grad udsender en farve af topas, som er farven af den åndelige godhed.

Først og fremmest ses den i Filipperbrevet 2:1-4, hvor der står: *"Hvis da trøst i Kristus betyder noget, hvis kærlig opmuntring, hvis Åndens fællesskab, hvis inderlig medfølelse betyder noget, så gør min glæde fuldstændig med at have det samme sind, ved at have den samme kærlighed, med én sjæl og ét sind. Gør intet af selviskhed og heller ikke af indbildskhed, men sæt i ydmyghed de andre højere end jer selv. Tænk ikke hver især på jeres eget, men tænk på alle også på de andres vel."*

Selv om noget bestemt ikke er rigtigt ifølge vores egne tanker og vores karakter, så vil vi forstå hinanden og blive enige, hvis vi søger godhed i Herren. Vi vil ikke skændes over noget. Vi vil ikke have noget ønske om at prale af os selv eller blive ophøjet af andre. Med ydmyge hjerter vil vi anse andre for at være bedre end os selv af hjertets grund. Vi vil udføre vores arbejde trofast og på en meget ansvarlig måde. Vi vil endda være i stand til at hjælpe andre med deres opgaver.

Vi kan let set, hvilke mennesker, der har godhed i hjertet i denne lignelse om den barmhjertige samaritaner, som findes i Lukasevangeliet 10:25-37:

En mand var på vej fra Jerusalem ned til Jeriko og
faldt i hænderne på røvere. De trak tøjet af ham og slog

*ham, så gik de og lod ham ligge halvdød. Tilfældigvis
kom en præst den samme vej; han så manden, men gik
forbi. Det samme gjorde en levit, der kom til stedet;
også han så ham og gik forbi. Men en samaritaner,
som var på rejse, kom hen til ham, og han fik medynk
med ham, da han så ham. Han gik hen og hældte olie
og vin i hans sår og forbandt dem, løftede ham op på
sit ridedyr og bragte ham til et herberg og sørgede for
ham. Næste dag tog han to denarer frem, gav værten
dem og sagde: "Sørg for ham, og hvad mere du lægger
ud, vil jeg betale dig, når jeg kommer tilbage." Hvem
af disse tre synes du var en næste for ham, der faldt i
røvernes hænder?* (Lukasevangeliet 10:30-36)

Ud af præsten, levitten og samaritaneren, hvem af så den
sande næste og et kærligt menneske? Samaritaneren kunne være
en sand næste for den mand, der var blevet berøvet, fordi han
havde godhed i hjertet og kunne vælge den rette vej, selv om han
blev betragtet som ikke-jøde.

Samaritaneren havde muligvis ikke noget særlig godt
kendskab til Guds ord som viden. Men vi kan se, at han havde
et hjerte, der søgte godheden. Det betyder, at han havde den
åndelige godhed til at følge godheden i Guds øjne. Selv om vi
skal bruge vores tid og penge, skal vi vælge godheden i Guds
øjne. Det er den åndelige godhed.

Jesu godhed

Et andet bibelvers, som udsender godhedens lys endnu mere

tydeligt, er Matthæusevangeliet 12:19-20. Det drejer sig om Jesu godhed. Der står:

Han skændes ikke, han råber ikke, man hører ikke hans røst i gaderne. Det knækkede rør sønderbryder han ikke, den osende væge slukker han ikke, til han har ført retten til sejr.

Sætningen "til han har ført retten til sejr" understreger, at Jesus handlede med et godt hjerte under hele processen af korsfæstelse og genopstandelse, og dermed gav os sejren og frelsens nåde.

Da Jesus havde åndelig godhed, fornærmede han aldrig nogen, og skændtes heller aldrig. Han accepterede alt med den åndelige godheds visdom og med sandhedens ord, selv når han kom ud for barske og tilsyneladende uacceptable situationer. Desuden konfronterede Jesus ikke de mennesker, som forsøgte at slå ham ihjel, og han forsøgte heller ikke at forklare eller at bevise sin uskyld. Han overlod alt til Gud og opnåede alt i sin visdom og sandhed i åndelig godhed.

Åndelig godhed er det hjerte, som ikke "sønderbryder det knækkede rør eller slukker den osende væge." Denne definition viser godhedens forskellige referencepunkter.

De mennesker, som har godhed, skændes ikke og råber ikke. De vil også udvise deres godhed gennem deres fremtræden. Som der står: "Man hører ikke hans røst i gaderne." De mennesker, som er gode, vil udvise denne godhed og ydmyghed udadtil. Jesus må have været lydefri og fuldkommen i alle forhold, både gang, bevægelser og sprog! I Ordsprogenes Bog 22:11 står der: *"Kongen elsker den rene af hjertet, indtagende tale gør kongen til ven."*

Det "knækkede rør" repræsenterer de mennesker, som lider i denne verden og som er sårede i hjertet. Selv når de søger Gud med fattige hjerter, vil Gud ikke forsage dem, men tage imod dem. Dette er Guds og Jesu hjerte, og det er den højeste grad af godhed.

Og med det samme hjerte vil man ikke slukke den osende væge. Hvis vægen oser, betyder det, at ilden er ved at dø ud, men der er stadig en glød tilbage. I denne forstand er en "osende væge" et menneske, som er så besudlet af ondskab, at lyset af hans ånd er som en osende væge. Men hvis der er den mindste mulighed for, at dette menneske kan opnå frelse, skal vi ikke opgive ham. Det er godhed.

Vor Herre opgiver ikke, heller ikke de mennesker, som lever i synder og rejser sig mod Gud. Han banker stadig på døren til deres hjerter for at lade dem opnå frelsen. Dette er vor Herres gode hjerte.

Der er mennesker, der er som knækkede rør og osende væger i troen. Når de falder for fristelser, fordi de er svage i troen, vil nogle af dem ikke have styrke til selv at vende tilbage til kirken igen af egen kraft. Det skyldes måske nogle af de kødelige ting, som de stadig ikke har skilt sig af med, eller de kan måske have påført andre medlemmer af kirken skade. Da de er kede af det og flove, føler de ikke, at de kan vende tilbage til kirken.

Så må vi opsøge dem. Vi skal række hænderne frem mod dem og tage fat i dem. Det er godhed. Der er mennesker, som var de første i troen, men som senere er de sidste i ånd. Nogle af dem bliver også som "osende væger."

Nogle af dem ønsker at blive elsket og anerkendt af andre, men det sker ikke. Så de er knuste, og deres ondskab kommer til syne. De er måske jaloux på andre, som skrider frem i ånden, og de vil måske endda bagtale dem. Det er ligesom en osende væge, der udsender røg og sod.

Hvis vi har sand godhed, vil vi også være i stand til at forstå disse mennesker og acceptere dem. Hvis vi forsøger at diskutere, hvad der er rigtigt og forkert, og få andre mennesker til at rette sig efter os, så er det ikke godhed. Vi skal forsøge at behandle dem godt med sandfærdighed og kærlighed; selv de mennesker, som udviser ondskab. Vi skal smelte dem og bevæge deres hjerter. Når vi gør det, handler vi med godhed.

10. Krysopras: Selvkontrol

Krysopras, den tiende grundsten til murene i Ny Jerusalem, er den dyreste af kalcedonerne. Den har en halvgennemsigtig mørkegrøn farve, og er en af de ædesten, som de koreanske kvinder anså for meget værdifulde i gamle dage. For dem symboliserede den kvindernes kyskhed og renhed.

Så hvad symboliserer krysopras rent åndeligt? Den står for selvkontrol. Det er godt at have overflod af alt i Gud, men der må være selvkontrol for at gøre alting smukt. Selvkontrol er også en af Helligåndens ni frugter.

Selvkontrol til at opnå fuldkommenhed

I Titusbrevet 1:7-9 fortælles der om de nødvendige egenskaber for en tilsynsmand i kirken. En af betingelserne er selvkontrol. Hvis et menneske, som mangler selvkontrol, bliver tilsynsmand, hvad vil han så være i stand til at opnå i sit ukontrollerede liv?

Vi skal altid skelne mellem sandhed og usandhed, når vi arbejder for Herren, og vi skal følge Helligåndens vilje med selvkontrol. Hvis vi er i stand til at høre Helligåndens stemme, vil vi trives på alle områder, fordi vi har selvkontrol. Hvis vi ikke har selvkontrol, vil tingene derimod gå galt, og vi kan komme ud for både naturlige og menneskeskabte ulykker, sygdomme, uheld og lignende.

Selvkontrollens frugt er meget vigtig, og den er helt nødvendig for at opnå fuldkommenhed. I den grad, vi bærer kærlighedens frugt, kan vi bærer frugten af glæde, fred, tålmodighed, venlighed, godhed, trofasthed og mildhed, og disse frugter vil blive fuldkomne med selvkontrol.

Selvkontrol kan sammenlignes med anus i vores krop. Selv om den er lille, har den en meget vigtig rolle. Hvad ville der ske, hvis den mistede evnen til at trække sig sammen? Så ville der ikke være kontrol over afføringen, og vi ville være snavsede og uanstændige.

På samme måde vil alt blive noget rod, hvis vi mister selvkontrollen. Folk vil leve i usandhed, fordi de ikke kan kontrollere sig rent åndeligt. De vil derfor komme ud for trængsler og kan ikke opnå Guds kærlighed. Hvis vi ikke kan kontrollerer os selv fysisk, vil vi gøre uretfærdige og lovløse ting, fordi vi vil spise og blive fulde efter forgodtbefindende, og det vil skabe uorden i vores liv.

Johannes døberen

Et godt eksempel på en bibelsk person med selvkontrol er Johannes Døber.

Johannes Døber vidste helt klart, hvorfor han var kommet til denne jord. Han vidste, at han skulle forberede vejen for Jesus, som var det sande lys. Så indtil han fuldførte denne pligt, levede han sit liv fuldkommen afsondret fra denne verden. Han væbnede sig alene med bøn og ordet, mens han var i ødemarken. Han spiste græshopper og vild honning. Og det var et meget afsondret og strengt kontrolleret liv. Gennem dette liv blev han klar til at forberede vejen for Herren, og han fuldførte sin opgave.

I Matthæusevangeliet 11:11 sagde Jesus følgende om ham: *"Sandelig siger jeg jer: Blandt kvindefødte er der ikke fremstået nogen større end Johannes Døber."*

Hvis nogen tænker: "Nå, jamen så vil jeg tage op i bjergene eller til et andet afsondret sted for at leve et liv i selvkontrol!", så viser det, at han ikke har selvkontrol, for han fortolker Guds ord på sin egen måde og tænker for meget.

Det er vigtigt at kontrollere sit hjerte i Helligånden. Hvis man endnu ikke har nået et åndeligt niveau, skal man kontrollere sine kødelige lyster og kun følge Helligåndens ønsker. Selv efter at man opnår ånden, skal man kontrollere styrken af hver del af det åndelige hjerte for at opnå en fuldkommen harmonisk helhed. Denne selvkontrol vises gennem lyset fra krysopras.

11. Hyacint: Renhed og hellighed

Hyacint, som er den ellevte grundsten til murene i Ny Jerusalem, er en ædelsten med en gennemsigtig, blålig farve, og rent åndeligt symboliserer den renhed og hellighed.

"Renhed" henvises her til en tilstand, hvor man ikke har nogen synd og hvor man er ren, pletfri og ubesudlet. Hvis et menneske tager bad at par gange om dagen, reder sit hår og klæder sig pænt på, vil folk sige, at han er renlig og ordentlig. Men vil Gud også sige, at han er ren? Så hvem er det, der har rene hjerter, og hvordan kan vi opnå det rene hjerte?

Et rent hjerte i Guds øjne

Farisæerne og de skriftkloge vaskede deres hænder, før de spiste, og fulgte dermed de gamles traditioner. Og da Jesu disciple ikke gjorde det samme, begyndte de lærte at udspørge ham for at kunne anklage ham. I Matthæusevangeliet 15:2 står der: *"Hvorfor overtræder dine disciple de gamles overlevering? De vasker ikke deres hænder, før de spiser."*

Jesus lærte dem, hvad renhed virkelig er. I Matthæusevangeliet 15:19-20 siger han: *"Thi fra hjertet udgår onde tanker, mord, ægteskabsbrud, utugt, tyveri, falsk vidnesbyrd og bespottelser. Det er det, som gør et menneske urent. Men at spise uden at vaske hænder gør ikke et menneske urent."*

Renhed i Guds øjne er ikke at have nogen synd i hjertet. Renhed er at have et hjerte, som er rent, og ikke har nogen fejl, plet eller skyld. Vi kan vaske vores hænder og vores krop med vand, men hvordan kan vi rense vores hjerte?

Det kan vi også vaske med vand. Vi kan rense det ved at vaske det med det åndelige vand, som er Guds ord. I Hebræerbrevet 10:22 står der: *"Lad os derfor træde frem med oprigtigt hjerte, i en fast tro og bestænket på hjertet, så vi er befriet fra ond samvittighed, og med legemet badet i rent vand."* Vi kan have et rent og sand hjerte i den udtrækning, vi handler i overensstemmelse med Guds ord.

Når vi adlyder Bibelens bud om, hvad vi skal skille os af med eller undlade at gøre, vil usandheden og ondskaben blive vasket bort fra vores hjerter. Og når vi adlyder budene om, hvad vi skal gøre og hvad vi skal overholde, kan vi undgå at blive besudlet af verdens synder og ondskab igen, for vi vil konstant blive forsynet med rent vand. På denne måde kan vi holde vores hjerter rene.

I Matthæusevangeliet 5:8 står der: *"Salige er de rene af hjertet, for de skal se Gud."* Gud har fortalt os om den velsignelse, som de rene af hjertet vil få. Det er, at de skal se Gud. De mennesker, som er rene af hjertet, vi se Gud ansigt til ansigt i himmeriget. De vil mindst komme idet det Tredje Rige i himlen, eller måske ligefrem i Ny Jerusalem.

Men den egentlige betydning af at "se Gud" er ikke bare at se ham. Det betyder, at vi altid vil møde Gud og få hans hjælp. Det vil sige, at vi lever et liv, hvor vi går med Gud, selv på denne jord.

Enok opnåede et rent hjerte

Det femte kapitel af Første Mosebog beskriver Enok, som kultiverede et rent hjerte og vandrede med Gud på jorden. I

Første Mosebog 5:21-25 kan vi læse, at Enok vandrede med Gud i trehundrede år, fra han var 65 og blev far til Metusalem. Som der står i vers 24: *"Han vandrede med Gud. Så var han ikke mere, for Gud havde taget ham bort."* Han blev taget op til himlen i live.

Hebræerbrevet 11:5 fortæller os om grunden til, at han kunne blive taget op til himlen uden at se døden. Der står: *"I tro blev Enok taget bort, for at han ikke skulle se døden, og han var der ikke mere, for Gud havde taget ham bort; for det er bevidnet, at før han blev taget bort, havde han behaget Gud."*

Enok havde behaget Gud ved at kultivere et rent hjerte, som ikke havde nogen synd, og derfor så han ikke døden. Til sidst blev han taget bort til himlen i levende live. Han var 365 på daværende tidspunkt, men dengang kunne folk leve i mere end 900 år. Det vil sige, at Gud tog Enok til sig, mens han stadig var ung og energisk.

Det skyldtes, at Enok var elskelig i Guds øjne. Gud ønskede at have Enok ved sin side og lade ham leve i himmeriget, i stedet for at lade ham være på jorden. Vi kan tydeligt se, hvor højt Gud elsker de mennesker, der har rene hjerter, og glæder sig over dem.

Men selv Enok blev ikke bare hellig på et øjeblik. Han gennemgik også mange forskellige prøvelser, indtil han var 65. I Første Mosebog 5:19 kan vi se, at Jered, Enoks far, blev ved med at leve og få børn i 800 år efter Enoks fødsel, så vi kan forstå, at Enok havde mange brødre og søstre.

Gud har i en dyb bøn ladet mig vide, at Enok ikke havde nogen problemer overhovedet med nogen af sine brødre og søstre. Han ville aldrig selv have mere end sine søskende, og han gav altid efter overfor dem. Han ville aldrig have speciel anerkendelse, men gjorde altid bare sit bedste. Selv hvis nogle af hans søskende var mere elskede end ham, plagede det ham ikke, for han følte ikke nogen jalousi.

Enok var også altid et meget lydigt menneske. Han lyttede ikke kun til Guds ord, men også til sine forældre. Han insisterede aldrig på sin egne mening. Han havde ikke nogen selvcentrerede lyster, og tog ikke noget personligt. Han levede i fred med alle.

Enok kultiverede et rent hjerte, sådan at han kunne se Gud. Da Enok blev 65, opnåede han et niveau, som behagede Gud, og så kunne han vandre med Gud.

Men der var en endnu mere vigtig grund til, at han kunne gå med Gud. Det var fordi, han elskede Gud og holdt meget af at kommunikere med ham. Han rettede naturligvis ikke blikket mod verdslige ting, men elskede Gud mere end noget andet i denne verden.

Enok elskede sine forældre og adlød dem, og der var fred og kærlighed mellem ham og alle hans søskende, men det var Gud, han elskede mest. Han holdt mere af at være alene og prise Gud, end at være sammen med sin familie. Han savnede Gud, når han betragtede himlen og naturen, og han nød den kommunikation, han havde med Gud.

Sådan var det allerede før Gud begyndte at vandre med ham, og efterfølgende blev det endnu mere tydeligt. Som der står i Ordsporgenes Bog 8:17: *"Jeg elsker dem, der elsker mig, og de, der søger mig, finder mig."* Enok elskede Gud og længtes efter ham, og Gud vandrede med ham.

Jo mere, vi elsker Gud, jo renere vil vores hjerte blive, og jo renere hjertet bliver, jo mere vil vi elske og søge Gud. Det er behageligt at tale og interagere med folk, som har rene hjerter. De vil acceptere alt med renhed og have tiltro til andre.

Hvem får det dårligt og rynker brynet, når de ser en lille baby, som smiler af glæde? De fleste mennesker får det godt og smiler igen, når de ser små børn. Det skyldes, at babyernes renhed smitter af på andre mennesker og forfrisker deres hjerter.

Gud Fader har det på samme måde, når han ser et menneske med et rent hjerte. Så han vil ønske at se mere til dette menneske og at være sammen med vedkommende.

12. Ametyst: Skønhed og mildhed

Den tolvte og sidste grundsten til murene i Ny Jerusalem er ametyst. Den har en lys violet farve og er gennemsigtig. Ametyst er så elegant og har så smuk en farve, at den er blevet værdsat af adelsfolk siden gammel tid.

Gud anser det åndelige hjerte, som symboliseres af ametyst, for at være smukt. For det, som ametyst symboliserer rent åndeligt, er mildhed. Mildheden findes i Kærlighedskapitlet, i Saligprisningerne og selv i Helligåndens ni frugter. Et menneske, som giver liv til ånden gennem Helligånden og lever ved Guds ord, vil helt sikkert bære denne frugt.

Det milde hjerte er smukt for Gud

Ordbogen definerer mildhed som venlighed, blidhed og

sagtmodighed samt evnen til at give ro. Men den mildhed, som Gud anser for smuk, er ikke kun disse karakteristika.

De mennesker, som har en mild karakter i kødet, kan opleve ubehag ved folk, som ikke er milde. Når de ser personer, som er meget udadvendte og har en stærk karakter, bliver de påpasselige, og de kan endda have problemer med at omgås denne slags mennesker. Men et menneske, som er åndeligt mild, kan acceptere alle slags mennesker med alle former for karakter. Dette er en af forskellene mellem den kødelige mildhed og den åndelige mildhed.

Så hvad er den åndelige mildhed, og hvorfor anser Gud den for smuk?

At være åndeligt mild er at have en mild og varm karakter, sammen med et rummeligt hjerte, som accepterer alle. Der er tale om personer, hvis hjerte er så blødt og behageligt som bomuld, sådan at mange mennesker kan finde hvile i dem. Disse personer vil kunne forstå alt med godhed og favne alting i kærlighed.

Og der en særligt én ting, man ikke må overse ved åndelig mildhed. Det er en dyd, som er relateret til at have et stort hjerte. Hvis vi kun har et varm og blødt hjerte inden i os selv, så giver det ingen mening. Fra tid til anden, når det giver mening, skal vi være i stand til at opmuntre og rådgive andre, og dermed udvise vores godhed og kærlighed i gerninger. Vi må udvise vores dydige karakter for at styrke andre, lade dem mærke vores varme og lade den finde hvile i vores hjerter.

Det åndeligt milde menneske

De mennesker, som har åndelig mildhed, har ikke fordomme omkring andre mennesker. Så de har ikke nogen problemer og har aldrig dårlige relationer med andre. Andre mennesker vil derfor mærke deres varme hjerte, og de vil slappe af og få fred i sindet ved at føle, at de bliver favnet varmt. Den åndelige mildhed er ligesom et træ, der giver en stor, kølig skygge på en varm sommerdag.

Hvis en familiefar accepterer og favner hele sin familie med et rummeligt hjerte, vil hans kone elske ham og respektere ham. Hvis konen også har et stort hjerte, der er blødt som bomuld, kan hun give sin mand velbehag og fred, så det kan være et meget lykkeligt par. De børn, der bliver opdraget i sådanne familier, vil ikke komme på afveje, selv om familien kommer ud for vanskeligheder. For de vil blive styrket i familiens fred, så de kan overkomme vanskeligheder og vokse op med retskaffenhed og et godt helbred.

På samme måde vil de mennesker, som har kultiveret åndelig mildhed, få folk omkring sig til at finde hvile og føle sig lykkelige. Så vil Gud Fader også sige, at de åndeligt milde er virkelig smukke.

I denne verden anvender folk mange forskellige måder til at vinde hinandens hjerter. De kan give hinanden materielle ting eller bruge deres sociale ry eller autoritet. Men med disse kødelige metoder kan de ikke for alvor vinde andres hjerter. De kan måske hjælpe i et givent øjeblik på grund af et bestemt behov, men da andre mennesker ikke virkelig respekterer dem af hjertet, kan de ændre mening, når situationen forandrer sig.

Folk vil helt naturligt samle sig om de mennesker, der har åndelig mildhed. De hengiver sig til dem af hjertet og ønsker at være sammen med dem. Det skyldes, at folk bliver styrket og føler sig veltilpas på en ikke-verdslig måde gennem de mennesker, som har åndelig mildhed. Så mange mennesker vil holde sig et dem, der har åndelig mildhed, og denne mildhed bliver dermed til åndelig autoritet.

I Matthæusevangeliet tales der om den velsignelse at vinde mange sjæle. Der står, at de sagtmodige vil arve jorden. Det betyder, at de vil vinde hjertet hos menneskene, som er lavet af jord. Dermed vil de også få et stort landområde i det evige himmelrige. Da de har favnet og vejledt mange sjæle til sandheden, vil de få store belønninger.

Derfor siger Gud om Moses i Fjerde Mosebog 12:3: *"Men manden Moses var mere sagtmodig end noget andet menneske på jorden."* Moses ledte flugten fra Egypten. Han førte mere end 2 millioner mennesker og ledte dem i 40 år i ødemarken. Ligesom forældre, der opdrager deres børn, favnede ham dem i sit hjerte og ledte dem i overensstemmelse med Guds vilje.

Selv om børnene begår en alvorlig synd, vil forældrene ikke bare forsage dem. På samme måde rummede Moses selv de mennesker, som burde være blevet forsaget ifølge loven, og han vejledte dem til det sidste, og bad Gud om at tilgive dem.

Når man har forpligtelser i kirken, vil man forstå, hvor god denne mildhed er. Hvis du udfører dine opgaver med mildhed, ligegyldigt om det drejer sig om omsorg for sjælene eller en hvilken som helst anden opgave, vil du ikke have nogen problemer. Der er aldrig to mennesker, som har præcis det samme hjerte og præcis de samme tanker. Vi er alle opvokset under forskellige omstændigheder og har forskellige personligheder. Så vores tanker og holdninger vil muligvis ikke stemme overens med hinanden.

Men hvis man er mild, kan man acceptere andre med et rummeligt hjerte. Mildheden til at sætte sig selv til side og acceptere andre, skinner smukt i de situationer, hvor andre mennesker insisterer på, at de selv har ret.

Vi har lært om det åndelige hjerte, som symboliseres gennem de tolv grundsten til bymuren i Ny Jerusalem. Der er tale om et hjerte fuldt af tro, retskaffenhed, offervilje, retfærdighed, trofasthed, lidenskab, barmhjertighed, tålmodighed, godhed, selvkontrol, renhed og mildhed. Når vi konsoliderer alle disse egenskaber, bliver de til Jesu Kristi og Gud Faders hjerte. Sagt på en enkelt måde, er der tale om "fuldkommen kærlighed."

De mennesker, som har kultiveret denne fuldkomne kærlighed med en god og afbalanceret kombination af de forskellige egenskaber fra de tolv ædelsten, kan frimodigt komme ind i Ny Jerusalem. Deres hus i Ny Jerusalem vil også blive smykket med disse tolv ædelsten.

I Ny Jerusalem er der så smukt, at det henrykker helt usigeligt. Husene, bygningerne og alle faciliteterne såsom parker er dekoreret på smukkeste vis.

Men i Guds øjne er det smukkeste de mennesker, som kommer ind i byen. De vil udsende et langt mere stålende lys end det, der udsendes fra alle tolv ædelsten. De vil også udsende en duft af kærlighed til Faderen af hjertets grund. Derigennem vil Gud Fader finde velbehag ved alle de ting, der er blevet gjort gennem dem.

Kapitel 6

De tolv perleporte
og den gyldne vej

Byen Ny Jerusalem har tolv porte, tre på henholdsvis den nordlige, sydlige, østlige og vestlige del af bymuren. Hver port bevogtes af en stor engel, hvilket viser byens pragt og autoritet ved et enkelt øjekast. Portene er bueformede, og de er så enorme, at man må løfte blikket højt for at se toppen. De er hver især dannet af én gigantisk perle. Portene åbner til begge sider, og har håndtag, der er lavet af guld og andre ædelsten. De åbner automatisk, så der er ikke brug for håndkraft.

Gud har lavet tolv porte med smukke perler og gaderne af det pure guld til sine elskede børn. Hvor må der være smukt og pragtfuldt i byen Ny Jerusalem!

Før vi ser nærmere på bygningerne og de særlige steder i Ny Jerusalem, vil vi overveje grunden til, at Gud har lavet portene til Ny Jerusalem af perler, og vi vil undersøge, hvilke andre slags gader der er, ud over de gyldne gader.

1. De tolv perleporte

I Johannesåbenbaringen 21:21 står der: *"De tolv porte var af tolv perler; hver af portene af én perle. Og byens gade var af det pure guld som gennemsigtigt glas."* Hvordan kan det så være, at de tolv porte er lavet af perler, når der nu er så mange ædelsten i Ny Jerusalem? Nogle ville måske sige, at det ville være bedre at dekorere hver af portene med forskellige juveler, da der nu er tolv porte, men Gud har udsmykket alle tolv porte med bare én perle.

Det skyldes, at dette design indeholder Guds forsyn og har en spirituel betydning. Perlerne har en anderledes værdi end de øvrige juveler og vurderes derfor til at være mere dyrebare, fordi de er blevet produceret i en smertefuld proces.

Hvorfor er de tolv porte lavet af perler?

Hvordan bliver perler produceret? Perler er en af de to organiske juveler fra havet, den anden er koral. De er blevet beundret af utallige mennesker, fordi de har en smuk glans uden at være blevet poleret.

Perler dannes på indersiden af en østersskal. De er klumper af unormalt skinnende affald, som hovedsageligt består af kalciumkarbonat, og har form som hele eller halve kugler. Når der kommer et fremmedlegeme ind til østersens bløde kød, lider den stor smerte, som hvis man prikkede den med en nål. Østersen kæmper derfor med fremmedlegemet i stor smerte. Perlen produceres ved at affald fra østersen dækker fremmedlegemet gang på gang.

Der er to slags perler: Naturperler og kultiverede perler. Folk har fundet ud ad, hvordan perlerne produceres. De skiller skallerne og indsætter kunstige substanser, sådan at der dannes en perle. Disse perler ser naturlige ud, men de er forholdsvist billige, fordi lagene af perlemor er tyndere.

Ligesom en østers danner en smuk perle i stor smerte på grund af fremmedlegemer, så gennemgår Guds børn en udholdenhedsproces i deres stræben efter at genskabe Guds tabte billede. De kan ende med en tro som det pure guld, hvormed de kan komme i Ny Jerusalem, når de har udholdt prøvelser og sorg ved at leve på denne jord.

Hvis vi vil vinde sejren i troens kamp og gå gennem portene til byen Ny Jerusalem, skal vi danne en perle i vores hjerte. Ligesom en perleøsters udholder med smerte og udskiller perlemor for at danne en perle, må også Guds børn udholde med smerte indtil de genfinder Guds billede fuldkommen.

Da synden kom ind i denne verden og folk blev mere og mere besudlede af den, mistede de Guds billede. Ondskab og usandhed blev plantet i menneskets hjerte, så hjerterne blev urene og udsendte en grim stank. Gud Fader viste sin store kærlighed overfor disse mennesker, som levede med syndefulde hjerter i en syndefuld verden.

Enhver, som tror på Jesus Kristus, vil blive renset gennem hans blod. Men Gud Fader ønsker at få sande børn, som er fuldvoksne og modne. Han vil, at de vasker sig, og undlader at blive snavsede igen. Åndelig set betyder det, at de holder op med at synde, og at de behager Gud Fader med en fuldkommen tro.

For at have denne fuldkomne tro må vi først og fremmest have sande hjerte. Vi kan få sande hjerter, når vi skiller os af med alle synder og ondskab i hjertet og fylder det med godhed og kærlighed i stedet. Jo mere godhed og kærlighed vi har, jo mere har vi genvundet Guds billede.

Gud Fader lader hans børn komme ud for raffinerende trængsler, sådan at de kan kultivere godhed og kærlighed. Han lader dem opdage synder og ondskab i deres hjerter gennem forskellige situationer. Når vi finder vores synder og ondskab, vil vi føle smerte i hjertet. Det er ligesom en skarp genstand, der kommer ind i en østers og stikker i det bløde kød. Men vi må anerkende, at det gør ondt, når vi gennemgår trængsler på grund af synderne og ondskaben i vores hjerter.

Hvis vi virkelig anerkender dette, kan vi danne en åndelig perle i vores hjerte. Vi skal bede indtrængende for at skille os af med de synder og den ondskab, vi har opdaget. Så vil Guds nåde og styrke komme over os. Helligånden vil også hjælpe os. Resultatet er, at synderne og ondskaben, som vi har fundet, vil forsvinde, og vi vil i stedet få et åndeligt hjerte.

Er perlerne ekstremt dyrebare, når fremstillingsprocessen tages i betragtning. Ligesom muslingerne må lide megen smerte for at udholde produktionsprocessen, må vi overvinde og udholde stor smerte for at komme i Ny Jerusalem. Vi kan først komme dertil gennem disse porte, når vi vinder troens kamp. Portene symboliserer denne kendsgerning.

Hebræerbrevet 12:4 fortæller os følgende: *"Endnu har I ikke stridt så hårdt i jeres kamp mod synden, at det har kostet blod."* Og anden halvdel af Johannesåbenbaringen 2:10 opfordrer os således: *"Vær tro til døden, og jeg vil give dig livets sejrskrans."*

Som Bibelen fortæller os, kan vi først komme i Ny Jerusalem, som er det smukkeste sted i himlen, når vi kæmper imod synden, skiller os af med alle former for ondt, er trofaste indtil døden og fuldfører vores pligter.

At overkomme troens prøvelser

Vi må have en tro som det pure guld for at gå gennem portene til Ny Jerusalem. Denne slags tro gives ikke uden videre; det er først, når vi gennemgår og overvinder troens prøvelser, at vi belønnes med en sådan tro, ligesom en østers har stor smerte, indtil den laver perlen. Men det er ikke let at holde fast i troen, for den fjendtlige djævel og Satan forsøger på alle måder at forhindre os i at have tro. Desuden kan vi ofte føle, at vejen til himlen er hård og smertefuld, indtil vi står på troens klippe, for vi må kæmpe intense kampe mod den fjendtlige djævel i den udstrækning, vi har usandhed i vort hjerte.

Det er dog muligt for os at overvinde prøvelserne, fordi Gud giver os sin nåde og styrke, og Helligånden hjælper og guider os. Hvis vi står på troens klippe efter at have fulgt disse trin, vil vi være i stand til at overvinde alle former for vanskeligheder og glæde os i stedet for at lide.

Buddhistmunke slår deres kroppe og "slavebinder" dem gennem meditation for at skille sig af med alle verdslige forhold. Nogle af den praktiserer asketisme gennem årtier, og når de dør finder man perleagtige genstande mellem deres efterladenskaber. Disse dannes efter mange år med udholdenhed og selvkontrol, ligesom perler dannes i østersskaller.

Hvor meget må vi ikke også udholde med selvkontrol gennem smerte, når vi forsøger at skille os af med verdslige glæder og kontrollerer kroppens lyst med egen styrke? Men Guds børn kan hurtigt skille sig af med verdslige lyster med Guds nåde og styrke, og Helligåndens gerning. Vi kan også overvinde mange slags vanskeligheder med Guds hjælp, og vi kan løbe det spirituelle løb, for himlen er beredt til os.

Guds børn, som har tro, behøver derfor ikke udholde deres prøvelser i smerte, men overvinder dem med glæde og taknemmelighed med forventning om de velsignelser, som de snart vil modtage.

De tolv perleporte er til de sejrende i troen

De tolv perleporte er triumfbuer for de sejrende i troen, ligesom sejrende hærførere, der vender hjem efter succesfulde slag, marcherer gennem et monument til ære for deres sejr.

I gamle dage byggede folk flere forskellige monumenter og strukturer, og navngav dem efter heroiske mænd for at byde velkommen og ære de soldater og hærførere, som vendte hjem i triumf. Den triumferende general ville blive æret ved at køre på en vogn gennem triumfbuen for derefter at blive budt velkommen af folkemængden.

Når de nåede festsalen ledsaget af triumfsang, ville de ministrer, som sad sammen med kongen og dronningen byde dem velkommen. Hærføreren ville stige ned af sin vogn og bukke for kongen, og kongen ville prise ham for den udmærkede tjeneste. Så ville de spise, drikke og dele glæden over sejren. Hærføreren ville blive belønnet med autoritet, skatte og ære af kongen.

Hvis en hærfører har stor autoritet, hvor meget større autoritet må de mennesker, som går gennem Ny Jerusalems porte så ikke have? De vil være elsket af Gud Fader og hvile i herligheden til evig tid på en måde, som ikke kan sammenlignes med en hærfører eller en soldat, som går gennem en triumfbue. Når disse mennesker går gennem de tolv perleporte, så vil de mindes deres rejse i troen, hvor de har kæmpet og gjort deres bedste, og grædt taknemmelige tårer af hjertets grund.

De tolv perleportes pragt

I himlen glemmer folk aldrig noget selv efter lang tid, for

himlen er del af den spirituelle verden. I stedet holder man af at mindes ting, der hører til fortiden.

De mennesker, som kommer i Ny Jerusalem, overvældes, når de ser de tolv porte af perler, og tænker: "Jeg har overvundet mange prøvelser og er endelig kommet i Ny Jerusalem!" De glædes over at mindes, at de har kæmpet og i sidste ende vundet over den fjendtlige djævel og verden, og at de har skilt sig af med alle usandheder. De takker Gud Fader endnu engang og mindes hans kærlighed, som førte dem til at overvinde verden. De takker også dem, som hjalp dem med at nå dette sted.

I denne verden svækkes taknemmeligheden sommetider, eller formindskes med tiden, men da der ikke er nogen uærlighed i himlen, vokser folks taknemmelighed, glæde og kærlighed efterhånden som tiden går. Så når som helst beboerne i Ny Jerusalem kigger på perleportene, er de taknemmelige over Guds kærlighed og overfor de mennesker, som har hjulpet dem på troens vej.

2. Gader lavet af det pure guld

Når folk går gennem de majestætiske bueformede perleporte og mindes deres liv på denne jord, er de endelig nået frem til Ny Jerusalem. Byen er fuld af Guds herligheds lys, en fjern fredfyldt lyd af englenes lovsang og den milde duft af blomster. For hver skridt de tager på vej ind i byen, føler de en usigelig lykke og eufori.

Murerne, som er udsmykket med tolv juveler, og de smukke perleporte er allerede blevet beskrevet. Men hvad er så gaderne i Ny Jerusalem lavet af? Som Johannesåbenbaringen 21:21 fortæller os: *"Og byens gade var af det pure guld som gennemsigtigt glas."* Gud har lavet gaderne i Ny Jerusalem af det pure guld til hans børn, som kommer ind i byen.

Jesus Kristus: Vejen

I denne verden er der mange slags veje fra markveje og snævre gader til motorveje. Folk vælger forskellige veje afhængig af deres destination og deres behov. Men for at komme til himlen, er der kun én vej: Jesus Kristus.

"Jeg er vejen og sandheden og livet; ingen kommer til Faderen uden ved mig" (Johannesevangeliet 14:6).

Jesus, Gud eneste søn, åbnede vejen til frelse ved at lade sig korsfæste på vegne af alle mennesker, og døde på grund af deres synder, og han genopstod på tredjedagen. Når vi tror på Jesus Kristus, er vi kvalificerede til at få evigt liv. Derfor er Jesus Kristus den eneste vej til himlen, frelsen og det evigt liv. Desuden er vejen til det evige liv at tage imod Jesus Kristus og efterligne hans natur.

Gyldne gader

På hver side af floden med livets vand er der gader, sådan at alle med lethed kan finde Guds trone i den endeløst store himmel. Floden med livets vand udspringer fra Guds og Lammets trone, løber gennem byen Ny Jerusalem og alle de forskellige dele af himlen, og vender derefter tilbage til Guds trone.

> *"Og englen viste mig floden med livets vand, klart som krystal, den vælder ud fra Guds og Lammets trone. I midten, med gaden på den ene side og floden på den anden, står livets træ, som bærer frugt tolv gange, hver måned giver det frugt, og træets blade tjener til lægedom for folkeslagene"* (Johannesåbenbaringen 22:1-2).

Spirituelt set symboliserer vandet Guds ord, for da vi får liv gennem hans ord og går vejen til evigt liv gennem Jesus Kristus, udspringer livets vand fra Guds og Lammets trone.

Da floden med livets vand desuden omkranser himlen, kan vi let finde Ny Jerusalem ved at følge de gyldne gader på hver side af floden.

Betydningen af gyldne gader

De gyldne gader findes ikke kun i Ny Jerusalem, men også alle andre steder i himlen. Men ligesom lyset, materialerne og skønheden varierer de forskellige steder imellem, vil de gyldne gaders glans også variere alt efter hvilken del af himlen, der er tale om.

Det rene guld i himlen er fast til forskel fra det bløde guld i denne verden. Men når man går på disse gyldne gader, føles det dog blødt. Desuden er der hverken støv eller snavs i himlen, og da tingene ikke bliver slidt, sker der aldrig skader på de gyldne veje. På hver side af gaderne blomstrer smukke blomster, og de hilser Guds børn, som går på gaderne.

Hvad er så betydningen af og årsagen til at gaderne er af det pure guld? Det er for at minde os om, at jo renere vores hjerter er, jo bedre vil vores hvilested i himlen være. Vi kan kun komme i Ny Jerusalem, hvis vi har gået frem mod himlen med tro og håb, så Gud har lavet gaderne af det pure guld, som står for spirituel tro og det inderlige håb, som udspringer af denne tro.

Blomsterveje

Ligesom der er forskel på at gå på en nyslået plæne, klipper, brolagte veje og så videre, er der forskel på at gå på de gyldne gader og på blomsterveje. Der er også andre veje, som laves af juveler, og der er forskel på, hvilken slags lykke man føler, alt efter hvilken vej, man går på. Vi vil også bemærke forskel i komfort mellem de forskellige transportmidler i himlen såsom fly, tog og bus. Det føles helt forskelligt af færdes på vejen, alt efter om man bliver transporteret automatisk med Guds kraft, eller om man går selv.

Blomstervejene i himlen har ikke blomster i vejkanten; selve vejen består af blomster, som man går på. Det føles blødt og vatteret ligesom at gå på et blødt tæppe med bare fødder. Blomsterne tager ikke skade og visner ikke, for vores spirituelle kroppe er meget lette, så blomsterne trædes ikke ned.

De himmelske blomster glæder sig og udsender deres duft, når Guds børn går på dem. Og når man går på disse veje, vil man absorbere duften i sin krop, sådan at hjertet vil være lykkeligt, let og forfrisket.

Juvelvejene

Disse veje er lavet af juveler med mange forskellige strålende farver, og de er fulde af smukke lys. Når de spirituelle kroppe går på dem, skinner de endnu mere smukt. Selv juvelerne udgiver duft, og giver en lykke og glæde, som ligger ud over forestillingsevnen. Det kan også føles spændende at gå på juvelvejene, for det er ligesom at gå på vand. Men det betyder dog ikke, at man har en fornemmelse af at synke eller drukne – kun at man må anstrenge sig en smule mere, og at man føler begejstring ved hvert skridt, man tager.

Der er dog kun juvelveje bestemte steder i himlen. Med andre ord er de belønninger til dem, som efterligner Herrens hjerte, og som har gjort store bidrag til at opfylde Guds forsyn for menneskets kultivering. Det kan sammenlignes med, at der til tider er små passager i kongeslotte og paladser, som dekoreret elegant med materialer af høj kvalitet.

I himlen bliver folk ikke trætte af tingene, men elsker alt til evig tid, for sådan er den spirituelle verden. De føler sig stadig mere glade og lykkelige, fordi hvert lille objekt har en indlejret spirituel betydning, som får folks kærlighed og beundring til at vokse.

Hvor er Ny Jerusalem smuk og vidunderlige! Byen er lavet af Gud til hans elskede børn. Selv folk i Paradis og Første, Andet og Tredje Rige i himlen glædes og bliver taknemmelige, når de går gennem perleportene med deres invitation til Ny Jerusalem.

Kan du forestille dig den taknemmelighed og glæde, som Gud børn vil føle over at være kommet til Ny Jerusalem som resultat af at have fulgt Herren på den sande vej?

Tre nøgler til at komme til byen Ny Jerusalem

Ny Jerusalem er en terning-formet by; dens bredde, længde og højde er alle 2400 km. Bymuren har i alt tolv porte og tolv grundsten. Både bymuren, de tolv porte og de tolv grundsten har en åndelig betydning. Hvis vi forstår den åndelige betydning og opfylder den i vores hjerte, vil vi have de åndelige kvalifikationer til at komme ind i Ny Jerusalem. Den åndelige betydning er i denne forstand nøglen til byen Ny Jerusalem.

Den første nøgle til at komme ind i Ny Jerusalem er gemt i bymuren. Som der står i Johannesåbenbaringen 21:18: *"Dens murværk var jaspis, og byen var af det pure guld, der så ud som det reneste glas."* Bymuren er lavet af jaspis, som rent åndelig symboliserer den tro, der behager Gud.

Tro er den mest grundlæggende og essentielle ting i et kristent liv. Uden tro kan vi ikke blive frelst, og vi kan ikke behage Gud. For at komme ind i byen Ny Jerusalem, skal vi have en tro, der behager Gud – det femte niveau af tro, som er det højeste. Derfor er den første nøgle det femte niveau af tro – tro som behager Gud.

Den anden nøgle findes i de tolv grundsten. Det åndelige hjerte, som repræsenteres ved de tolv grundsten, er den fuldkomne kærlighed, og denne fuldkomne kærlighed er dermed den anden nøgle til Ny Jerusalem.

De tolv grundsten består af tolv forskellige ædelsten. Hver

ædelsten symboliserer en bestemt del af det åndelige hjerte. Der er tale om et hjerte med tro, retskaffenhed, offervilje, retfærdighed, trofasthed, lidenskab, tålmodighed, godhed, selvkontrol, renhed og mildhed. Når vi konsoliderer alle disse egenskaber, bliver de til Jesu Kristi og Gud Faders hjerte, som er kærligheden selv. Kort sagt er den anden nøgle til at komme ind i Ny Jerusalem den fuldkomne kærlighed.

Den tredje skjulte nøgle til at komme ind i byen Ny Jerusalem er de tolv perleporte. Gud vil, at vi gennem perlerne skal indse, hvordan vi kan komme ind i Ny Jerusalem. Perler er helt anderledes end ædelsten. Alt guld, sølv og alle de ædelsten, som udgør de tolv grundsten, er kommet fra jorden. Men perlen er helt unik, fordi den er lavet af et levende væsen.

De fleste perler er lavet af perleøsters. Disse østers udholder smerten og udskiller perlemor til at skabe en perle. På samme måde skal Guds børn også udholde med smerte, indtil de genfinder Guds billede.

Gud Fader vil have børn, som vasker sig rene med Jesu Kristi blod, og som undlader at blive snavsede igen, når først de har vasket sig. De behager Fader Gud med en fuldkommen tro. Hvis vi skal have en fuldkommen tro, må vi først have et sand hjerte. Vi kan have et sandt hjerte, når vi skiller os af med alle hjertets synder og ondskab, og i stedet fylder det med godhed og kærlighed.

Det er derfor, Gud lader os komme ud for trængsler i troen, indtil vi har opnået et sandt hjerte og en fuldkommen tro. Han lader os opdage hjertets synder og ondskab i forskellige situationer. Når vi finder vores synder og ondskab, vil vi opleve smerte i hjertet. Det er ligesom når noget skarpt kommer ind i en østers og stikker i det bløde kød. På samme måde som en perleøsters dækker denne uvelkomne genstand med perlemor lag for lag, vil perlemoren i vores hjerter også øges, efterhånden som vi gennemgår forskellige trængsler i troen. Ligesom en østers danner en perle, skal også vi troende danne åndelige perler, sådan at vi kan komme ind i Ny Jerusalem. Dette er den tredje nøgle til at komme ind i byen.

Jeg håber, du forstår den åndelige betydning, som er indlejret i bymuren i Ny Jerusalem, murens tolv porte og de tolv grundsten, sådan at du har de tre nøgler til at komme ind i Ny Jerusalem gennem de rette åndelige kvalifikationer.

Kapitel 7

Det charmerende skue

1. Der er ikke brug for sol eller måne

2. Ekstasen i Ny Jerusalem

3. For evigt med Herren, vores brudgom

4. Herligheden for Ny Jerusalems beboere

*Men et tempel så jeg ikke i den, for Herren,
Gud den Almægtige, er dens tempel, og
Lammet. Og byen har ikke brug for sol
eller måne til at skinne i den, for Guds
herlighed oplyser den, og Lammet er
dens lys. Folkeslagene skal vandre i dens
lys og jordens konger komme ind i den
med deres herligheder. Dens porte lukkes
ikke om dagen, og nat er det aldrig dér.
Folkeslagenes herligheder og kostbarheder
bringes ind i den. Men intet vanhelligt
kommer derind, og det gør heller ingen, der
øver afskyelighed og løgn, men kun de, der
står indskrevet i livets bog, Lammets bog.*

- Johannesåbenbaringen 21:22-27 -

Apostelen Johannes, som Helligånden viste Ny Jerusalem, nedfældede synet af byen detaljeret, mens han så ned på byen fra et højereliggende sted. Johannes havde længe ønsket af se Ny Jerusalem, og da han endelig så det indre af byen, var synet så smukt, at det satte ham i ekstase.

Hvis vi har de rette kvalifikationer til at komme til Ny Jerusalem og stå foran porten, vil vi se den bueformede perleport, som i sig selv er så stor, at vi ikke rummer den i vores blik.

Når porten åbner, vil et usigeligt smukt lys komme ud af Ny Jerusalem og omgive vores kroppe. I dette øjeblik vil vi føle en overvældende kærlighed til Gud, og vi vil ikke være i stand til at kontrollere tårerne, som triller ned ad kinderne.

Vi vil ære og værdige Gud Fader, som har beskyttet os med sit flammende blik, og takke for Herrens nåde og hans blod fra korset, hvormed vi er blevet tilgivet, og for Helligåndens kærlighed, som har taget bolig i vores hjerter, og som har ført os til at leve i sandheden.

Lad os nu se nærmere på Ny Jerusalem baseret på apostelen Johannes' redegørelse.

1. Der er ikke brug for sol eller måne

Apostelen Johannes så det indre Ny Jerusalem, som var fyldt med Guds herlighed, og udtrykte synet på følgende måde:

"Og byen har ikke brug for sol eller måne til at

> *skinne i den, for Guds herlighed oplyser den, og Lammet er dens lys"* (Johannesåbenbaringen 21:23).

Ny Jerusalem er fyldt med Guds herlighed, idet Gud selv opholder sig i byen og regerer den. I byen ligger desuden højdepunktet af det spirituelle rige, hvor Gud omdannede sig til Treenigheden for at opnå den menneskelige kultivering.

Guds herlighed skinner på Ny Jerusalem

Gud har givet os sol og måne på denne jord, for at vi skal genkende godt og ondt, og skelne mellem ånd og kød gennem lys og mørke, så vi kan blive Guds sande børn. Han ved alt om ånd og kød, og om godt og ondt, men mennesket kan ikke indse disse ting uden den menneskelige kultivering, for vi er simple skabninger.

Da det første menneske Adam var i Edens have før begyndelsen på den menneskelige kultivering, vidste han ikke noget om ondskab, død, mørke, fattigdom eller sygdom. Derfor kunne han ikke for alvor fatte betydningen og lykken ved livet eller være taknemmelig overfor Gud, som havde givet ham alt, selv om han levede i overflod.

For at Adam kunne lære den sande lykke at kende, måtte han fælde tårer, sørge, lide stor smerte og sygdom samt opleve død, og denne proces er den menneskelige kultivering. Se venligst *Budskabet fra Korset* for yderligere detaljer.

Adam begik ulydighedens synd ved at spise af kundskabens træ, og blev uddrevet til denne jord, hvor han oplevede de barske realiteter. Først derefter kunne han indse, hvor rigt, lykkeligt og smukt hans liv i Edens have havde været, og takke Gud med oprigtigt hjerte.

Hans efterfølgere lærte også at skelne mellem lys og mørke, ånd og kød, og godt og ondt gennem den menneskelige kultivering, på baggrund af mange oplevelser med vanskeligheder. Når vi først er blevet frelst og er kommet i himlen, vil lyset fra solen og månen, som har været påkrævet i den menneskelige kultivering, ikke længere være nødvendigt.

Da Gud selv opholder sig i Ny Jerusalem, er der ikke noget mørke dér overhovedet. Desuden skinner lyset fra Guds herlighed over hele Ny Jerusalem, så byen har naturligt nok ikke brug for hverken solen eller månen, eller lamper til at give lys og skinne.

Lammet er lyset i Ny Jerusalem

Johannes så ikke noget, som udgav lys, hverken sol, måne eller nogen form for lampe. Det skyldes, at Jesus Kristus, som er lammet, bliver lyset i byen Ny Jerusalem.

Da det første menneske Adam begik ulydighedens synd, faldt den menneskelige race ind på vejen til død (Romerbrevet 6:23). Kærlighedens Gud sendte Jesus til denne jord for at løse syndens problem. Jesus, Guds søn, kom til denne jord i kød, rensede vores synder ved at udgyde sit blod, og blev genopstandelsens første frugt ved at bryde dødens magt.

Som resultat kan alle de, som har taget imod Jesus som deres personlige Frelser, modtage livet og tage del i genopstandelsen, nyde det evige liv i himlen og få svar på hvad som helst, de beder om på denne jord. Desuden kan Guds børn nu blive verdens lys ved selv at leve i lyset og ære Gud gennem Jesus Kristus. Med andre ord skinner lyset fra Guds herlighed mere klart end nogen lampe gennem Frelseren Jesus.

2. Ekstasen i Ny Jerusalem

Når vi på afstand ser ind i Ny Jerusalem, kan vi gennem herlighedens skyer se smukke bygninger, der er lavet af ædelsten og guld. Hele byen synes at vibrere med en blanding af mange slags lys: lys, som kommer ud af ædelsten i husene; lyset fra Guds herlighed; og det lys, der udgår fra murene, som er lavet af jaspis og rent guld i klare blålige farver.

Hvordan kan vi med ord udtrykke følelserne og spændingen ved at gå ind i Ny Jerusalem? Byen er så smuk, prægtig og ekstatisk, at det ligger hinsides vores forestillingsevne. I centrum af byen ligger Guds trone, hvor floden med livets vand udspringer. Rundt om Guds trone ligger boligerne til Elias, Enok, Abraham, Moses, Maria Magdalena og Jomfru Maria, som alle er højt elsket af Gud.

Herrens slot

Herrens slot ligger lige til højre for Guds trone, hvor Gud opholder sig, når der bliver holdt gudstjenester eller fester i byen Ny Jerusalem. I Herrens slot er der i centrum en enorm bygning med gyldent tag, og omkring den ligger utallige spredte bygninger. Der er mange kors af herlighed, som er omgivet af skinnende lys over det gyldne, kuppelformede tag. Disse kors minder os om, at vi modtog frelse og kom til himlen, fordi Jesus tog korset.

Den store bygning i centrum er en cylinderformet struktur, og den er smykket med mange fint forarbejdede juveler, som hver især udsender et smukt lys, og bygningen skinner i alle regnbuens farver. Hvis man skal sammenligne Herrens slot med en menneskeskabt bygning på jorden, vil det nok nærmest ligne Sankt Basils domkirke i Moskva, Rusland. Men stilen, materialerne og størrelsen kan på ingen måde sammenlignes med selv den mest prægtige bygning, der nogensinde er blevet bygget på denne jord.

Ud over denne bygning i centrum er der mange bygninger i Herrens slot. Gud Fader har selv sørget for disse bygninger, sådan at de mennesker, som har det nærmeste åndelige slægtskab, vil være tæt på hinanden. Lige overfor Herrens slot ligger de tolv disciples huse. Forrest ligger husene til Peter, Johannes og Jakob, og de andre disciples huse ligger lige bagved. Maria Magdalene og Jomfru Maria har begge bolig i Herrens slot. Der er naturligvis tale om boliger, hvor de to kvinder kan opholde sig midlertidigt, når de bliver inviteret af Herren, og deres permanente boliger er slotslignende bygninger, som ligger tæt ved Guds trone.

Helligåndens slot

Lige til venstre for Guds trone ligger Helligåndens slot. Dette gigantiske slot repræsenterer Helligåndens sagtmodige og bløde, moderlige karakteristika med mange harmoniske kuppelformede bygninger i forskellige størrelser.

Taget på den største bygning i centrum af slottet er som

ét stor stykke sarder, som repræsenterer lidenskab. Rundt om bygningen løber floden med livets vand, som udspringer fra Guds trone og Herrens slot.

Alle slottene i Ny Jerusalem er så enorme og prægtige, at det er ubeskriveligt, men Herrens og Helligåndens slotte er særligt pragtfulde og smukke. I størrelse minder de mere om en by end om et slot, og de er begge bygget i en helt særlig stil. Det skyldes, at de til forskel fra de andre huse, som er bygget af englene, er bygget af selveste Gud Fader. Desuden ligger husene for de mennesker, som har forenet sig med Helligånden og opnået Guds rige i Helligåndens ære, smukt fordelt rundt om Helligåndens slot.

Den store kirke

Der er mange bygninger under konstruktion omkring Helligåndens slot, og der er særligt én stor og prægtig bygning. Den har et rundt tag og tolv høje søjler. Dette er den store kirke, som er blevet lavet efter byen Ny Jerusalem.

I Johannesåbenbaringen 21:22 står der dog: *"Men et tempel så jeg ikke i den, for Herren, Gud den Almægtige, er dens tempel, og Lammet."* Hvorfor kunne Johannes ikke se noget tempel? Folk tro normalt, at Gud skal være et sted, f.eks. i et tempel på samme måde som vi har brug for en bolig. På denne jord tilbeder vi ham derfor i kirker, hvor Guds ord også bliver prædiket.

Som der står i Johannesevangeliet 1:1: *"I begyndelsen var Ordet, og Ordet var hos Gud, og Ordet var Gud."* Hvor ordet er, der er Gud; hvor som helst ordet bliver prædiket, er der en kirke. Men Gud selv opholder sig i byen Ny Jerusalem. Gud, som er Ordet selv, og Herren, som er ét med Gud, har bolig i Ny Jerusalem, så der er ikke behov for noget andet tempel. Gud lod os derfor vide gennem apostelen Johannes, at Gud og Herren er templet i Ny Jerusalem.

Vi kan så undre os over, hvorfor den store kirke, som ikke var tilstede på apostelen Johannes' tid, nu er ved at blive bygget? Som vi ser i Apostlenes Gerninger 17:24: *"Gud, som har skabt verden med alt, hvad den rummer, og som er Herre over himmel og jord, bor ikke i templer bygget af hænder."* Gud bor ikke i nogen særskilt tempelbygning.

Men selv om Guds trone står i himlen, så ønsker han alligevel at bygge den store kirke, som repræsenterer hans herlighed. Den store kirke bliver det faste bevis på Guds magt og ære over hele verden.

I dag er der mange store og prægtige bygninger på denne jord. Folk investerer store beløb og bygger smukke strukturer til egen ære og efter egne lyster, men ingen gør det samme for Gud, som i sandhed er æren værd. Derfor ønsker Gud at bygge den smukke og storslåede store kirke gennem sine børn, som har modtaget Helligånden og er blevet hellige. Og derigennem ønsker han at blive forherliget af alle folkeslagene (Første Krønikebog 22:6-16).

Når den smukke store kirke er bygget, sådan som Gud ønsker det, vil folk fra alle nationer prise Gud og forberede sig som brude for Herren for at modtage ham. Gud bereder den store kirke som centrum for forkyndelsen for at føre utallige mennesker på vejen til frelse og lede dem til Ny Jerusalem ved tidens afslutning. Hvis vi indser Guds forsyn, bygger den store kirke og forherliger Gud, vil han belønne os i overensstemmelse med vores gerninger og bygge den samme store kirke i Ny Jerusalem.

Ved synet af den store kirke, som er lavet med juveler og guld, der slet ikke kan sammenlignes med materialerne på jorden, vil de mennesker, som kommer i himlen, være evigt taknemmelige for Guds kærlighed, som fører os på vejen til herlighed og velsignelser gennem den menneskelige kultivering.

Himmelske huse dekoreret med juveler og guld

Rundt om Helligåndens slot er der huse, som er dekoreret med mange slags ædelsten, og der er også mange huse, som stadig er under konstruktion. Der er mange engle, som arbejder med at placere smukke juveler her og der eller rydde husenes grund. Gud belønner hver enkelt individ i overensstemmelse med vedkommendes gerninger, og giver sine sande børn et hus.

Gud viste mig engang husene til to meget trofaste medarbejdere i denne kirke. Den ene har været en kilde til stor styrke for hele kirken ved at bede dag og nat for Guds rige, og hendes hus er bygget med duften af bøn og vedholdenhed, og er dekoreret med skinnende juveler lige fra indgangen.

For at imødekomme hendes kærlige karakteristika er der et bord i det ene hjørne af haven, hvor hun kan drikke te med sine elskede. Der er mange slags små blomster med forskellige farver over hele græsplænen. Dette er kun en beskrivelse af indgangen og haven til en persons hus. Så kan man forestille sig, hvor meget mere prægtig hovedbygningen må være!

Det andet hus, som Gud viste mig, tilhører en arbejder, som har helliget sig skriftlig forkyndelse på denne jord. Jeg så ét rum blandt mange i hovedbygningen. Der var et skrivebord, en stol og en lysestage, som alle var lavet af guld, og der var mange bøger i rummet. Dette var til belønning for og minde om hendes arbejde for at forherlige Gud gennem skriftlig forkyndelse, og fordi Gud ved, at hun holder meget af at læse.

På denne måde bereder Gud ikke kun vores huse, men giver os også genstande, der er så smukke, at vi slet ikke kan forestille os det, for at belønne os for at have opgivet og forsaget verdslige glæder på denne jord for at hellige os fuld ud opnåelsen af Guds rige.

3. For evigt med Herren, vores brudgom

I byen Ny Jerusalem er der mange slags fester, inklusiv dem, som bliver afholdt af Gud Fader. I den forbindelse kan de mennesker, som bor i Ny Jerusalem, invitere brødre og søstre, som bor i andre dele af himlen.

Hvor må det være herligt og lykkeligt at leve i Ny Jerusalem og blive inviteret af Herren til at deltage i behagelige fester og dele sin kærlighed med ham!

En varm velkomst til Herrens slot

Når mennesker i Ny Jerusalem inviteres af Herren, deres brudgom, smykker de sig som de smukkeste brude og samles ved Herrens slot med glædesfyldte hjerter. Når disse Herrens brude ankommer til hans slot, byder to engle dem høfligt velkommen ved hovedporten. Duften fra murene, som er dekoreret med juveler og blomster omgiver deres kroppe for at øge deres glæde.

Når de kommer ind af hovedporten, høres en fjern lyd af

lovsigelse, som rører ånden dybt. Denne lyd får fred, lykke og taknemmelighed for Guds kærlighed til at overvælde folks hjerter, for de ved, at han har ledt dem til dette sted.

Mens de går på den gyldne glasklare vej, som fører op til hovedbygningen, eskorteres de af engle og passerer mange smukke bygninger og haver. Indtil de når hovedbygningen banker deres hjerter med håb om at møde Herren, og når de kommer tættere på bygningen ser de, at Herren selv venter for at modtage dem. Tårer slører deres syn, men de løber mod Herren i oprigtigt ønske om at være hos han bare et øjeblik tidligere. Herren venter på dem med udbredte arme, og med et kærligt og sagtmodigt udtryk i ansigtet omfavner han hver af dem.

Herren siger: "Kom, mine smukke brude! I er meget velkomne!" De mennesker, som er blevet inviteret, bekender deres kærlighed i hans arme, og siger: "Jeg er taknemmelig for din invitation af hjertets grund!" Så går de omkring hånd i hånd med Herren som forelskede par og har de kærlige samtaler, som de har længtes efter siden deres tid på denne jord. Til højre for hovedbygningen er der en stor sø, og dér forklarer Herren detaljeret sine følelser og omstændighederne omkring sit virke på jorden.

Søen minder om havet ved Galilæa

Hvorfor minder denne sø dem om havet ved Galilæa? Gud lavede denne sø til minde, fordi Herren begyndte og udførte meget af sin gerning netop ved havet ved Galilæa (Matthæusevangeliet 4:23). I Esajas' bog 8:23 står der: *"Dog skal der ikke være mørke for landet, som nu er i trængsel.*

Som Herren tidligere bragte skam over Zebulons land og Naftalis land, bringer han i fremtiden ære over Vejen langs Havet, Landet på den anden side af Jordan og Folkeslagenes Galilæa." Det blev profeteret, at Herren ville starte sit virke ved havet i Galilæa og denne profeti blev opfyldt.

Mange fisk, som udsender lys i forskellige farver, svømmer omkring i denne sø. I Johannesevangeliet 21 viser den genopstandne Herre sig for Peter, som ikke har fanget nogen fisk, og siger til ham: *"Kast nettet ud på højre side af båden, så skal I få fangst"* (vers 6), og da Peter adlyder, fanger han 153 fisk. I søen ved Herrens slot er der også 153 fisk, og dette er også til minde om Herrens virke. Når disse fisk hopper op i luften og laver kunster, skifter deres farver på forskellige måder for at øge de inviteredes glæde og velbehag.

Herren går på denne sø, ligesom han gik på vandet ved Galilæa på denne jord. De, som er blevet inviteret, står imens langs søen og glæder sig over at høre Herren tale. Han forklarer detaljeret hvad der skete, da han gik på vandet ved Galilæa på denne jord. Og Peter, som gik på vandet et øjeblik ved at adlyde Herrens ord, var ked at af han sank ned i vandet på grund af sin liden tro (Matthæusevangeliet 14:28-32).

Et museum til ære for Herrens virke

Mens folk besøger forskellige steder sammen med Herren, tænker de over deres kultivering på jorden, og de bliver overvældet af Faderens og Herrens kærlighed, hvormed himlen er beredt. De inviterede kommer til et museum til venstre for hovedbygningen i Herrens slot. Gud Fader selv byggede det til ære for Herrens virke på jorden, sådan at folk kan se og mærke denne tid som en realitet. For eksempel er det sted, hvor Jesus blev dømt af Pontius Pilatus, og Via Dolorosa, hvor han bar korset op til Golgata, genopbygget. Når folk ser disse steder, forklarer Herren detaljeret hændelserne på dette tidspunkt.

For kort tid siden er jeg ved Helligåndens inspiration blevet klar over, hvad Herren sagde på det tidspunkt, og jeg vil gerne dele noget af det med læserne. Det er Herrens dybtfølte bekendelse, som han foretog, mens han gik op til Golgata med korset, efter at han havde forsaget himlens herlighed og var kommet til denne jord:

Fader! Min Fader!
Min Fader, som er perfekt i lyset,
du elsker i sandhed alt!
Den jord jeg trådte på
for første gang med dig,
og folket,
siden det blev skabt,
er nu fordærvet i så høj grad...

Nu indser jeg
Hvorfor du har sendt mig hertil,
hvorfor du har ladet mig lide disse vanskeligheder
som kommer fra folks fordærvede hjerter,
og hvorfor du lod mig komme herned
fra det herlige sted i himlen!
Nu kan jeg mærke og indse
alle disse ting

dybt i mit hjerte.

Med Fader!
Jeg ved, at du vil genoprette alt
i din retfærdighed og dine skjulte hemmeligheder.
Fader!
Alle disse ting er momentane.
Men for den herlighed,
du vil give mig,
og for lysets veje
som du vil åbne for disse mennesker,
Fader,
vil jeg tage korset med håb og glæde.

Fader, jeg er i stand til at gå denne vej,
fordi jeg tror,
du vil åbne denne vej og lyset
med din tilladelse og i din kærlighed,
og du vil skinne på din Søn
med det smukke lys
når alle disse ting er overstået
om kort tid.

Fader!
Den jord, jeg plejede at betræde, var lavet af guld,
de veje, jeg plejede at gå på, var også af guld,
duften af de blomster, jeg plejede at dufte
kunne ikke sammenlignes med
noget på denne jord.

Stoffet til det tøj
jeg plejede at gå med
var helt anderledes end dette,
og det sted, hvor jeg før boede,
var et herligt sted.
Og jeg ville gerne have, at disse mennesker
kom til at kende dette smukke og fredfyldte sted.

Fader,
Jeg indser hver eneste del af dit forsyn.
Hvorfor du lod mig føde,
hvorfor du gav mig denne pligt,
og hvorfor du lod mig komme herned
for at betræde denne fordærvede jord,
og for at læse det fordærvede folks sind.
Jeg priser dig Fader
for din kærlighed, din storhed
og alle disse ting, som er fejlfri.

Min kære Fader!
Folk tror, at jeg ikke forsvarer mig,
at jeg hævder at være jødernes konge.
Men Fader,
hvordan kan de fatte minderne,
som flyder fra mit hjerte,
den kærlighed til Faderen, der flyder fra mit hjerte,
den kærlighed til dette folk,
der flyder fra mit hjerte?

Fader,
mange mennesker vil indse og forstå
de ting, som vil finde sted senere
gennem Helligånden
som du vil give dem som gave
efter at jeg er gået bort.
Fader, fæld ingen tårer
på grund af denne momentane smerte,
og vend ikke ansigtet bort fra mig.
Lad ikke dit hjerte blive fyldt med smerte,
Fader!

Fader, jeg elsker dig!
Indtil jeg bliver korsfæstet,
udgyder mit blod og udånder,
Fader, tænker jeg på alle disse ting
og på dette folks hjerte.

Fader, vær ikke ked af det
men lad dig forherlige gennem din søn,
og forsynet og alle Faderens planer
vil blive fuldendt til evig tid.

Jesus forklarer, hvad han tænkte, mens han var på korset: Himlens herlighed; ham selv stående foran Faderen; folket; årsagen til at Faderen havde givet ham denne tunge pligt; osv.

De mennesker, som er blevet inviteret til Herrens slot, fælder tårer, når de hører om dette og takker Herren med tårer for at have taget korset på deres vegne, og de siger af hjertets grund:

"Min Herren, du er min sande Frelser!"

Gud har lavet mange juvelveje i Herrens slot til minde om hans lidelser. Når nogen går på en vej, der er lavet eller udsmykket med juveler i mange farver, bliver lysene klarere, og det føles som at gå på vandet. Desuden har Gud Fader opsat et trækors, som er smurt ind i bold, til minde om at Jesus hængte på korset for at forløse mennesket fra dets synder. Man kan også se stalden fra Betlehem, hvor Herren blev født, og der er mange andre ting, som hjælper med at opleve realiteterne omkring Herrens virke. Når folk besøger disse seværdigheder, kan de levende se og høre om Herrens gerning, sådan at de i endnu højere grad kan mærke Herrens og Faderens kærlighed, og give ære og tak til evig tid.

4. Herligheden for Ny Jerusalems beboere

Ny Jerusalem er det smukkeste sted i himlen, og tildeles dem, som har opnået hellighed i deres hjerter og har været betroede i hele Guds hus. Johannesåbenbaringen 21:24-26 fortæller os, hvilken slags mennesker, der modtager herligheden ved at komme i Ny Jerusalem:

"Folkeslagene skal vandre i dens lys og jordens konger komme ind i den med deres herligheder. Dens porte lukkes ikke om dagen, og nat er det aldrig dér. Folkeslagenes herligheder og kostbarheder bringes ind i den."

Folkeslagene skal vandre i dens lys

Ordet "folkeslag" henviser her til alle mennesker, som er frelst, uanset deres etniske baggrund. Selv om mennesker har forskellige borgerskab, racer, og andre varierende kendetegn, så bliver de alle Guds børn men borgerskab i det himmelske rige, når først de er blevet frelst gennem Jesus Kristus.

Sætningen "folkeslagene skal vandre i dens lys" betyder derfor, at alle Guds børn vil gå i lyset fra Guds herlighed. Men ikke alle Guds børn vil have tilstrækkelig herlighed til frit at komme ind i Ny Jerusalem. De, som bor i Paradis, Første, Andet, og Tredje Rige i himlen kan kun komme til Ny Jerusalem, hvis de er blevet inviteret. Kun de, som var fuldstændig hellige og betroede i hele Guds hus kan få den ære at se Gud ansigt til ansigt i Ny Jerusalem til evig tid.

Jordens konger vil komme ind i den med deres herligheder

Sætningen "jordens konger vil komme ind i den med deres herligheder" henviser til dem, som var spirituelle ledere på denne jord. De stråler ligesom de tolv juveler, som er de tolv grundsten til murene til Ny Jerusalem, og har de rette kvaliteter til for evigt at hvile i byen. De mennesker, som er blevet anerkendt af Gud, vil medbringe offergaver, som de har forberedt af hjertets grund, når de står frem for Gud. Med "offergaver" mener jeg alle de ting, hvormed de har forherliget Gud, især deres hjerter så rene og klare som krystal.

"Jordens konger vil komme ind i dem med deres herligheder"

betyder derfor, at de vil medbringe alle de ting, som de så brændende har arbejdet på for at opnå Guds rige og forherlige ham, og med disse ting vil de komme ind i Ny Jerusalem.

Kongerne på denne jord giver gaver til andre konger for større eller stærkere nationer for at smigre dem, men gaverne til Gud gives med taknemmelighed for at være kommet ind på vejen til frelse og evigt liv. Gud modtager disse gaver med glæde og belønner giverne med den ære at opholde sig i byen Ny Jerusalem til evig tid.

I Ny Jerusalem er der ikke noget mørke, for Gud, som er lyset selv, er der. Da der hverken er nat, ondskab, død eller tyveri, er det ikke nødvendigt at lukke portene til Ny Jerusalem. Når skriften bruger ordet "dag", er det fordi vi har for begrænset viden og evne til fuldt ud at forstå himlen.

Folkeslagenes herligheder og kostbarheder bringes ind i den

Så hvad betyder sætningen "folkeslagenes herligheder og kostbarheder bringes ind i den"? "Folkeslagene" henviser her til alle dem, som har modtaget frelse fra alle nationer på jorden, og "folkeslagenes herligheder og kostbarheder bringes ind i den" betyder at disse mennesker vil komme ind i Ny Jerusalem med de ting, som de har brugt til at forherlige Gud, mens de har udgivet Jesu Kristi duft på denne jord.

Når et barn studerer flittigt og hans karakterer går op, vil han være stolt overfor sine forældre. Forældrene vil glædes med ham, for de vil være stolte af barnets hårde arbejde, selv om han måske ikke opnår de bedste karakterer. I den udstrækning vi handler med tro for Guds rige på denne jord, udgiver vi Jesu Kristi duft og forherliger Gud, og han vil på samme måde modtage dette med glæde.

Det nævnes ovenfor, at "jordens konger vil komme ind i den med deres herligheder." Når "jordens konger" nævnes først, er det for at vise den spirituelle orden eller rang, hvorunder folk kommer frem for Gud.

De mennesker, som er kvalificerede til at komme til Ny Jerusalem for evigt med herlighed som solen, vil komme frem for Gud først, og derefter vil de øvrige frelste følge ordnet efter graden af herlighed. Vi må indse, at hvis vi ikke har kvalifikationer til at leve i Ny Jerusalem for evigt, så kan vi kun komme ind i byen lejlighedsvis.

De, som aldrig kan komme ind i Ny Jerusalem

Kærlighedens Gud ønsker, at alle skal modtage frelse, og han vil gerne belønne alle og enhver med en bolig og en himmelske pris i overensstemmelse med vedkommendes gerninger. Det er derfor, at de personer, som ikke har de rette kvalifikationer til at komme i Ny Jerusalem, vil komme i den Tredje, Andet eller Første Rige i himlen eller i Paradis alt efter målet af deres tro. Gud holder særlige fester og inviterer dem til Ny Jerusalem, sådan at også de kan nyde byens pragt.

Ikke desto mindre kan man se, at der er nogle mennesker, som aldrig kan komme Ny Jerusalem, selv om Gud ønsker at have nåde med dem. De mennesker, som ikke bliver frelst, kan aldrig se Ny Jerusalems herlighed.

"Men intet vanhelligt kommer derind, og det gør

> *heller ingen, der øver afskyelighed og løgn, men kun*
> *de, der står indskrevet i livets bog, Lammets bog"*
> (Johannesåbenbaringen 21:27).

Det "vanhellige" henviser her til at dømme og fordømme andre, og at beklage sig med sigte på egen interesse og vinding. Denne slags personer påtager sig rollen som dommer og fordømmer andre ud fra egne kriterier, i stedet for at forsøge at forstå dem. "Afskyelighed" henviser til alle de gerninger, der kommer fra det afskyelige hjerte på en hyklerisk måde. Da sådanne mennesker har lunefulde og vaklende hjerter og sind, takker de kun, når de modtager svar på deres bønner, men beklager sig og ynker sig, når de står overfor prøvelser. Og de mennesker, som har skamfulde hjerter, bedrager på samme måde deres samvittighed og tøver ikke med at skifte mening, når de søger egne interesser.

En person som "øver løgn" er et menneske, som snyder sig selv og sin samvittighed, og man skal vide, at denne slags bedrag er en af Satans fælder. Der er nogle løgnere, som lyver vanemæssigt og andre, som siger en enkelt løgn af hensyn til andre mennesker, men Gud ønsker, at vi skal skille os af med selv sidstnævnte form for løgn. Der er mennesker, som skader andre ved at afgive falske vidnesbyrd, og denne slags mennesker, som bedrager andre med onde intentioner, vil ikke blive frelst. Desuden vil de mennesker, som forsøger at bedrage Helligånden eller forsøger at snyde med Guds arbejde, også blive dømt som løgnere. Judas Iskariot, som var en af Jesu tolv disciple, havde ansvaret for pengene, og snød med Guds arbejde ved at stjæle fra skatkammeret og begå andre synder. Da Satan til sidst fór i ham, solgte han Jesus for tredive stykker sølv og blev forkastet for evigt.

Der er andre mennesker, som ser syge mennesker blive helbredt og dæmoner blive uddrevet af Helligånden med Guds kraft, men som stadig benægter disse gerninger og i stedet siger, at de er Satans gerninger. Disse mennesker kan ikke komme i himlen, for de er blasfemiske og taler imod Helligånden. Vi bør ikke under nogen omstændigheder sige noget, som er en løgn i Guds øjne.

At slette navnene fra livets bog

Når vi bliver frelst ved troen, bliver vores navne optegnet i livets bog af Lammet (Johannesåbenbaringen 3:5). Det betyder dog ikke, at alle, som har taget imod Jesus Kristus, vil blive frelst. Vi kan rent faktisk kun blive frelst, når vi handler i overensstemmelse med Guds ord og efterligner Herrens hjerte ved at omskære vores eget hjerte. Hvis vi stadig handler usandt efter at have taget imod Jesus Kristus, vil vores navn blive slettet fra livets bog og til sidst vil vi ikke engang modtage frelse.

Johannesåbenbaringen 22:14-15 fortæller os desangående, at de velsignede er dem, som vasker deres klæder, og de, som ikke vasker deres klæder, vil ikke blive frelst.

> *"Salige er de, der har vasket deres klæder, så de får ret til livets træ og går gennem portene ind i byen. Udenfor skal hundene være og troldmændene og de utugtige og morderne og afgudsdyrkerne og enhver, der elsker og øver løgn."*

"Hundene" henviser her til de mennesker, som gør det usande igen og igen. De, som ikke skiller sig af med deres onde handlinger, men som fortsætter med at gentage ondskaben, kan aldrig blive frelst. De er ligesom hunde, som går tilbage til dens eget opkast eller som en so, der kaster sig i mudderet, lige efter at den er blevet vasket. De virker måske som om, de har skilt sig af med deres ondskab, men fortsætter deres onde vej, og selv om de synes at forbedre sig, vender de tilbage til ondskaben.

Gud anerkender dog troen hos dem, som stræber efter at gøre gode gerninger, selv om de endnu ikke er i stand til fuldt ud at handle efter Guds ord. De vil i sidste ende blive frelst, fordi de er i stadig forandring, og Gud dømmer efter deres indsats for troen.

"Troldmændene" er de mennesker, som praktiserer magi. De handler afskyeligt og får andre til at tilbede falske guder. Dette er meget afskyeligt i Guds øjne.

En "utugtig" er en person, som begår ægteskabsbrud, selv om vedkommende har en mand eller en kone. Der er ikke kun fysisk utroskab, men også spirituel utroskab, hvilket vil sige at elske noget mere end Gud. Hvis et menneske, som oplever den levende Gud og indser hans kærlighed, stadig elsker verdslige ting såsom penge eller hans familie mere end han elsker Gud, så begår dette menneske spirituel utroskab, og dette er forkert overfor Gud.

"Mordere" begår fysisk eller spirituelt mord. Hvis man kender den spirituelle betydning af mord, vil man sandsynligvis ikke være i stand til frimodigt at sige, at man ikke har myrdet nogen. Et spirituelt mord er at forårsage, at Guds børn synder og mister deres spirituelle liv (Matthæusevangeliet 18:7). Hvis man er skyld i, at andre lider smerte på grund af noget, som er usandt, så er det også spirituelt mord (Matthæusevangeliet 5:21-22).

Desuden er det spirituelt mord af hade, være misundelig eller jaloux, fordømme, skændes, blive vred, snyde, lyve, danne splid eller kliker, bagtale, samt ikke at have kærlighed og medlidenhed (Galaterbrevet 5:19-21). Til tider er der dog mennesker, som mister fodfæstet i deres egen ondskab. Hvis de for eksempel forlader Gud, fordi de er blevet skuffet over nogen i kirken, er der tale om deres egen ondskab. Havde de i sandhed troet på Gud, ville de aldrig have mistet fodfæstet.

"Afgudsdyrkere" er en af de ting, som Gud hader mest. Der er fysisk afgudsdyrkelse og spirituel afgudsdyrkelse. Fysisk afgudsdyrkelse er at lave en formløs Gud som et billede og tilbede det (Esajas' bog 46:6-7). Spirituel afgudsdyrkelse er et elske noget andet mere end Gud. Hvis et menneske elsker sin ægtefælle eller sine børn mere end vedkommende elsker Gud i stræben efter egne interesser, eller bryder Guds befalinger i kærlighed til penge, berømmelse eller viden, så er det spirituel afgudsdyrkelse.

Denne slags mennesker kan ikke blive frelst og komme i himlen, uanset hvor meget de kalder "Herre, Herre", og går i kirke, for de elsker ikke Gud.

Hvis man tager imod Jesus Kristus, modtager Helligånden som Guds gave og ens navn bliver optegnet i livets bog af Lammet, skal man stadig huske på, at man kun kan komme i himlen og gå frem mod Ny Jerusalem, hvis man handler i overensstemmelse med Guds ord.

Man kommer kun til Ny Jerusalem, hvis man er fuldstændig hellig i sit hjerte og trofast i hele Guds hus.

De, som kommer i Ny Jerusalem, kan møde Gud ansigt til ansigt, have elskelige samtaler med Herren, og nyde en ære og herlighed, som ligger ud over vores forestillingsevne. Men de, som er i Paradis, Første, Andet eller Tredje Rige i himlen, kan kun besøge byen Ny Jerusalem, når de er blevet inviteret til særlige fester, inklusiv de fester, som Gud Fader afholder.

Kapitel 8

"Jeg så den hellige by,
Ny Jerusalem"

1. Utænkeligt store himmelske huse

2. Et storslået slot, helt uforstyrret

3. Seværdigheder i himlen

I byen Ny Jerusalem er de himmelske huse ved at blive bygget, sådan at folk, hvis hjerte fuldt ud ligner Gud hjerte, senere kan komme til at leve i dem. De bliver bygget af engle og ærkeengle i overensstemmelse med deres ejers smag, og Herren holder opsyn. Dette er et af de privilegier, som de mennesker, der kommer til Ny Jerusalem, kan nyde. Somme tider befaler Gud selv en ærkeengel at bygge et hus til en særlig person, sådan at det vil blive lavet fuldstændig i overensstemmelse med ejerens smag. Han glemmer ikke selv en eneste tåre, som hans børn har fældet for hans rige, og belønner dem med smukke ædelsten.

Som vi ser i Matthæusevangeliet 11:12, fortæller Guds os klart at i den udstrækning, vi vinder spirituelle kampe og modner i troen, kan vi komme til de smukkeste steder i himlen:

"Fra Johannes Døbers dage indtil nu er himmeriget blevet stormet, og de fremstormende river det til sig."

Kærlighedens Gud har i mange år ledt os frem mod himlen, og viser os de himmelske huse i Ny Jerusalem klart og tydeligt. Det skyldes, at Herren, som gik bort for at berede os en bolig, snart vil komme tilbage.

1. Utænkeligt store himmelske huse

I Ny Jerusalem er der mange utænkeligt store himmelske huse. Blandt dem er der et smukt og prægtigt hus, som er bygget på en stor grund. I centrum er der et rundt, stort og smukt tre-etagers slot, og rundt om slottet er der mange bygninger og fornøjelige ting af samme type som man finder i tivolier, for at få dette sted til at ligne de verdensberømte turistattraktionerne. Det er en overraskelse, at dette by-lignende himmelske hus tilhører en person, som er blevet kultiveret på denne jord!

Salige er de sagtmodige, for de skal arve jorden

På denne jord er det sådan, at hvis vi har økonomisk mulighed, kan vi købe et stort stykke jord og bygge et smukt hus, sådan som vi har lyst til. Men i himlen kan man hverken købe grunde eller bygge huse, uanset velstand, for Gud tildeler os grunde og huse i overensstemmelse med vores gerninger.

I Matthæusevangeliet 5:5 står der: *"Salige er de sagtmodige, for de skal arve jorden."* Hvis vi i høj grad ligner Herren og opnår spirituel sagtmodighed på denne jord, kan vi "arve jorden" i himlen. Det skyldes, at den, som er spirituelt sagtmodig, kan favne alle mennesker, og enhver kan komme til ham og finde hvile og ro. Han vil være i fred med alle i enhver situation, da hans hjerte er blødt og mildt som vat.

Men hvis vi går på kompromis med verden og går imod sandheden for at være i fred med andre mennesker, er der ikke tale om spirituel sagtmodighed. Den, som i sandhed er sagtmodig, kan ikke kun favne mange mennesker med et blødt og varmt hjerte, men er også modig og stærk nok til at sætte livet på spil for sandheden.

Et sådant menneske kan vinde mange menneskers hjerter og føre dem på vejen til frelse og til et bedre sted i himlen, for han har kærlighed og mildhed. Det er derfor, han vil få et stort hus i himlen. Det hus, som er blevet beskrevet, tilhører en person, som i sandhed er sagtmodig.

Et by-lignende hus

I centrum af denne grund er der et stort slot, som er dekoreret med juveler og guld. Dets tag er lavet af sarder, og skinner meget klart. Floden med livets vand, som udspringer ved Guds trone, flyder rundt om det skinnende klare slot, og de mange bygninger får det til at ligne en hel by. Forlystelsesparken er også dekoreret med guld og mange juveler.

På den ene side af den udstrakte grund er der skove, sletter og en stor sø, og på den anden side er der bakker med mange slags blomster og vandfald. Der er også en sø med et stort krydstogtskib ligesom *Titanic*.

Lad os nu tage en rundtur i dette fremragende hus. Grunden har tolv porte på de fire sider, og når man går gennem hovedporten, kan man se slottet i centrum.

Hovedporten er dekoreret med juveler, og er bevogtet af to engle. De er begge mænd og ser meget stærke ud. De står ret uden så meget som at blinke med øjnene, og deres åbenlyse værdighed får den til at forekomme utilnærmelige.

På hver side af porten står der en stor, rund og smuk søjle. Murene er dekoreret med juveler og blomster, og synes endeløse. Når man nærmer sig porten, åbner den automatisk ved hjælp af engle, og man kan se det store slot med det røde tag, der sender et smukt lys ned over de besøgende.

Ved synet af de mange huse i forskellige størrelse, dekoreret med juveler, bliver man dybt berørt af Guds kærlighed, hvormed han belønner os 30, 60 og 100 gange mere end det vi selv har gjort eller ofret. Man må være taknemmelig for, at han har givet sin eneste søn for at føre os på vejen til frelse og evigt liv. Desuden har han også beredt smukke himmelske huse, og vores hjerter vil overvældes med taknemmelighed og glæde.

Der høres en mild, klar og smuk lyd af lovsigelse over hele slottet. Den får en usigelig fred og lykke til at fylde ånden, og man gribes af følelser:

Langt borte i min ånds dyb
Ruller der i aften en melodi, der er sødere end salmer;
Himmelsk som dråber, der uophørligt falder
Over min sjæl som en uendelig ro.
Fred! Fred! Vidunderlige fred
Som kommer ned fra Faderen i det høje!
Jeg beder: Fej over min ånd for evigt,
I favnløse bølger af kærlighed.

Gyldne gader så klare som glas

Lad os nu gå ind i det store slot i centrum, som vi kommer til ad den gyldne vej. Når man nærmer sig slottet fra hovedporten, er der træer af guld og juveler, som byder de besøgende velkommen med appetitlig frugt af juveler. De besøgende tager en frugt, og den smelter i munden og er så lækker, at hele kroppen bliver fyldt med energi og velbehag.

På begge sider af den gyldne vej er der blomster i mange farver og størrelser, som byder velkommen og hilser de besøgende med deres duft. Bag dem er der gyldne områder med mange slags træer, og haven er meget smuk. Blomster i smukke regnbuefarver ser ud som om, de udsender lys, og hver blomst afgiver en enestående duft. På nogle af disse blomster sidder er insekter såsom sommerfugle i regnbuefarver. På træerne hænger der mange lækre frugter mellem de skinnende grene og blade. Der er mange slags fugle med gyldne fjer, som sidder i træerne og synger for at gøre området mere fredfyldt og lykkeligt. Og der er også andre dyr, som fredeligt går omkring.

En skybil og en gylden karet

Nu står man ved den anden port. Grunden er så stor, at der er endnu en port indenfor hovedporten. Foran sig har man et stort område, der ligner en garage med mange skybiler og en gylden karet, som er parkeret, og man bliver overvældet af dette utrolige syn.

Den gyldne karet, som er dekoreret med store diamanter og juveler, er for husets ejer, og der er kun plads til en person. Når kareten bevæger sig, skinner den som et stjerneskud på grund af de mange glitrende juveler, og den er langt hurtigere end skybilerne.

En skybil er omgivet af rene hvide skyer og smukke lys i mange farver, og den har fire hjul og vinger. Den kører på sine hjul på jorden, og når den flyver, bliver hjulene automatisk trukket ind, og vingerne strækker sig ud, sådan at den frit kan flyve afsted.

Det vil være en ære at rejse rundt til forskellige steder i himlen sammen med Herren i en skybil eskorteret af den himmelske skare og engle. Hvis der normalt gives en skybil til hver person, som kommer i Ny Jerusalem, kan man forestille sig, i hvor høj grad ejeren af dette hus er blevet belønnet, når han har adskillige skybiler i sin garage.

Det store slot i centrum

Når man kommer til det store, smukke slot i en skybil, kan man se den tre-etagers bygning med tag af sarder. Denne bygning er så enorm, at den ikke kan sammenlignes med nogen bygning på denne jord. Det ser ud som om, hele slottet langsomt roterer, for dets klare lys får slottet til at se ud, som om det er levende. Rent guld og skinnende jaspis udsender klare og gennemsigtige lys i en blålig farve. Men man kan ikke se igennem det, og det ligner en slags skulptur uden samlinger. Murene og blomsterne rundt om disse mure udsender en dejlig duft for at øge den lykke og glæde, der slet ikke kan beskrives med ord. Blomster af forskellig størrelse danner et smukt syn, og deres forskellige former og dufte udgør en storartet kombination.

Hvad er så årsagen til, at Gud har givet beboeren en så stor grund og et så stort og smukt hus? Det skyldes, at Gud aldrig overser eller glemmer noget, som hans børn har gjort for hans rige og retfærdighed på denne jord, og han belønner dem i overflod.

Jeg fryder mig igen og igen
over min elskede.
Den, der elskede mig så meget
at han gav mig alt.

Han elskede mig mere
end sine forældre og brødre,
Han sparede ikke sine egne børn
og han anså sit liv for værdiløst
og opgav det for mig.

Hans øjne var altid rettet mod mig.
Han lyttede fuldt ud til mit ord.
Han søgte kun min herlighed.
Han var kun taknemmelig
selv når han led under uretfærdighed.
Selv midt i forfølgelser
bad han i kærlighed for dem,
som forfulgte ham.
Han forsagede aldrig nogen
selv om de bedrog ham.
Han udførte sin pligt med glæde
selv når han følte ubærlig sorg.
Og han frelste mange sjæle
og udførte fuldt ud min vilje
med min hjerte.

Da han opnåede min vilje
og elskede mig så højt,
har jeg beredt
dette store og fremragende hus
i Ny Jerusalem.

2. Et storslået slot, helt uforstyrret

Som man kan se, er der et strejf af Gud især i de huse, som tilhører mennesker, der er højt elsket af ham. Disse huse har et andet niveau af skønhed og af herlighedens lys end selv de andre huse i Ny Jerusalem.

Det store slot i centrum er et sted, hvor ejeren kan være helt uforstyrret. Dette er for at kompenserer for hans arbejde og hans bønner i tårer for at opnå Guds rige, og fordi han han set efter sjælene dag og nat uden at tage sig tid til privatliv.

Som overordnet struktur har hans slot en hovedbygning i centrum af slottet, og der er to lag af mur. Der er en mur midt mellem hovedbygningen i centrum og den ydre mur. Så slottets grund er inddelt i den indre slotsgård og den ydre slotsgård, som henholdsvis går fra hovedbygningen til den midterste mur og fra den midterste mur til den ydre mur.

Så for at nå slottets hovedbygning skal man gå gennem indgangsporten og så gennem endnu en port i den midterste mur. Ydermuren har mange porte, og den port, der er på linje med forsiden af hovedbygningen, er hovedporten. Den er dekoreret med forskellige ædelsten, og der er to engle, der bevogter den. De to engle har maskuline ansigter og ser stærke ud. De bevæger ikke engang øjnene, når de holder vagt, og vi kan mærke deres værdighed.

På begge sider af hovedporten er der store, cylinderformede søjler. Muren er dekoreret med ædelsten og blomster, og den er så lang, at enden ikke kan ses. Efter englenes instruktion går vi ind af hovedporten, som åbner automatisk, og et klart og smukt lys skinner på os. Der er en gylden vej, der er klar som glas, og som starter ved hovedporten.

Når vi følger denne gyldne vej, når vi frem til den anden port. Den sidder i den midterste mur, som adskiller den indre slotsgård fra den ydre slotsgård. Når vi går gennem den anden port, ser vi en plads, der er ligesom en enormt stor parkeringsplads på jorden. Der er adskillige sky-lignende biler, som holder parkeret. Der er også en gylden karet mellem skybilerne.

Slottets hovedbygning er større end nogen bygning på jorden. Den er tre sale høj. Hver sal i bygningen er cylinderformet, og grundarealet på hver sal bliver mindre, efterhånden som man stiger op. Taget er ligesom en løgformet kuppel.

Hovedbygningens mure er lavet at det rene guld og jaspis. Så det blålige lys og de rene, gennemsigtige guldskær danner en storslået harmoni. Lyset er så kraftigt, at det føles som om, bygningen er levende og bevæger sig. Hele bygningen udsender et skinnende lys, der ser ud som om, det drejer langsomt rundt.

Lad os nu gå ind i dette store slot!

Tolv porte fører ind i hovedbygningen i slottet

Hovedbygningen har tolv indgangsporte. Da bygningen er så stor, er der ret langt fra den ene port til den anden. Portene er bueformede, og de har hver især indgraveret et billede af en nøgle. Under billedet af nøglen står navnet på porten, skrevet i det himmelske alfabet. Disse bogstaver er skrevet med ædelsten, og portene er dekoreret med hver sin form for ædelsten.

Under dem er der en forklaring på, hvorfor porten har netop dette navn. Gud Fader har sammenfattet det, som ejeren af dette slot har gjort på jorden, og har udtrykt det med de tolv porte.

Den første port er "Frelsens Port." Den bærer en forklaring om, hvordan ejeren blev hyrde for mange mennesker og ledte utallige sjæle til frelse over hele verden. Ved siden af Frelsens Port er "Ny Jerusalem Port." Under navnet forklares det, at ejeren har ledt mange sjæle til Ny Jerusalem.

Derefter kommer "Kraftens Porte." Der er fire porte for de fire niveauer af kraft, og så er der "Skabelseskraftens Port" og "Porten for den Højeste Skabelseskraft." På disse porte forklares det, hvordan kraften har helbredt mange mennesker og forherliget Gud.

Den niende port er "Åbenbaringens Port", og på den forklares det, at ejeren har fået mange åbenbaringer og forklaret Bibelen med stor klarhed. Den tiende er "Præstationernes Port." Den er til minde om forskellige præstationer, såsom konstruktionen af Den Store Kirke.

Den ellevte er "Bønnens Port." Denne port fortæller os, hvordan ejeren har bedt af hele sit liv med kærlighed til Gud, for at fuldføre Guds vilje, og hvordan han har sørget og bedt for sjælene.

Den tolvte og sidste port har betydningen "Sejren over djævlen, vores fjende, og Satan." Den forklarer, at ejeren har overvundet alt med tro og kærlighed, selv om den fjendtlige djævel og Satan forsøgte at skade ham og gøre ham fortvivlet.

Særlige inskriptioner og mønstre på væggene

Væggene, som er lavet af det pure guld og jaspis, er fulde af mønstre med skrifter og tegninger, som har en genklang har ejerens liv. Enhver detalje om de forfølgelser og den hån, som han har mødt for Guds rige, og alle de gerninger, hvormed han forherligede Gud, er optegnet. Det mest forbløffende er, at Guds selv har indgraveret disse skrifter på vers, og bogstaverne udsender et smukt og klart lys.

Når man kommer ind i slottet efter at have passeret en af disse porte, vil man se objekter, som er endnu mere smukke end dem, man havde set udenfor. Lyset fra juvelerne overlapper sig selv to eller tre gange, og det får alt til at se fantastisk ud.

Inskriptionerne om ejerens tårer, bestræbelser og anstrengelser på denne jord er også indgraveret på indersiden af væggene, og de udsender et strålende lys. De tider, hvor han oprigtigt bad for Guds rige hele natten og den rene duft af at ofre sig selv for andre sjæle, er alt sammen optegnet på vers, og udsender et smukt lys.

Men Gud Fader har gemt mange detaljer af inskriptionerne, sådan at Gud selv kan vise dem til ejeren, når han kommer til boligen. Dermed kan Gud modtage hans hjerte, som forherliger Faderen med dybe følelser og tårer, når han viser ham indskriften og siger til ham: "Dette har jeg beredt til dig."

Selv i denne verden skriver folk gentagne gange navnet på den, de elsker. De skriver det i notesbøger eller dagbøger, på en sandstrand, eller skærer det måske ligefrem ind i et træ eller hugger det i en sten. De ved slet ikke, hvordan de skal udtrykke deres kærlighed, så de bliver ved med at skrive navnet på den, de elsker.

På samme måde er der en firkantet guldplatte, som kun bærer tre ord. De tre ord er: "Fader", "Herre" og "Mig." Slottets ejer kan slet ikke udtrykke sin kærlighed til Faderen og Herren med ord, så han viser sit hjerte på denne måde.

Møder og fester på første sal

For det meste er slottet ikke åbent for andre, men det åbnes ved særlige lejligheder, når der afholdes fester og baller. Der er en meget stor sal, hvor utallige personer kan samles og holde fester. Den bruges også som mødested, hvor ejeren deler kærlighed og glæde med sine gæster, og har samtaler med dem.

Salen er rund og så stor, at man ikke kan se fra den ene ende til den anden. Gulvet har en hvidlig farve, og er meget blødt. Der er mange juveler, og salen skinner klart. Midt i salen er der en lysekrone i tre niveauer, som øger rummets værdighed, og der er flere gyldne lysekroner af forskellige størrelser, som øger salens skønhed. I centrum af salen er der en rund scene, og der er mange borde placeret i forskellige niveauer rundt om scenen. De inviterede sætter sig her for at have venlige samtaler.

Alle dekorationer inden i bygningen er lavet i overensstemmelse med ejerens smag, og deres lys og former er smukke og delikate. Hver juvel har et strejf af Gud, og det er en stor ære at blive inviteret til en fest, som holdes af ejeren af dette hus.

Hemmelige rum og modtagelsesrum på anden sal

På anden sal af dette store slot er der mange rum, og hvert rum har en hemmelighed, som først afsløres fuldt ud i himlen.

Alt dette har Gud givet som belønning af ejerens gerninger. Der er et særligt rum, som har utallige kranse af forskellig art; det er nærmest en slag museum. Der er mange kranse inklusiv en guldkrone, en krans dekoreret med guld, en krystalkrans, en perlekrans, en blomsterdekoreret krans, og mange andre kranse, som er smykket med forskellige slags juveler, og de er alle pænt udstillet. Disse kranse tildeles, hver gang ejeren har opnået Guds rige og forherliger ham på denne jord, og deres størrelse og form, samt de materialer og dekorationer, der er brugt, varierer alt sammen for at vise forskelle i herlighed. Der er også et stort rum, der fungerer som klædeskab og til at opbevare juveludsmykninger, som vedligeholdes af engle med stor omhu.

Der er også et pænt firkantet rum med mange dekorationer, som kaldes "bederummet." Det er blevet lavet, fordi ejeren har bedt så meget på denne jord. Desuden er der et rum med adskillige fjernsyn. Dette rum kaldes for "Rummet til kvaler og sorg" og i dette rum kan ejeren se alle scener fra sit jordiske liv når som helst, han har lyst. Gud har opbevaret hvert eneste øjeblik og hver eneste hændelse i ejerens liv, fordi han led gevaldigt, mens han udførte Guds arbejde og virke, og fældede mange tårer for sjælene.

Der er også et smukt dekoreret sted til modtagelse af profeter på anden sal, hvor ejeren kan dele sin kærlighed og have venlige samtaler med dem. Han kan møde sådanne profeter som Elias, som kom til himlen i en karet med ildheste; Enok, som gik med Gud i 300 år; Abraham, som behagede Gud med sin tro; Moses, som var mere ydmyg end nogen anden på jorden; den lidenskabelige apostel Paulus og alle de andre, og han kan have samtaler med dem om deres liv og levned på jorden.

Tredje sal er reserveret til at dele med Herren

Den tredje sal i det store slot er dekoreret forunderligt til at modtage Herren og have elskelige samtaler så længe og så ofte som muligt. Denne sal er blevet bygget, fordi ejeren elskede Herren mere end nogen anden, forsøgte at efterligne hans gerninger ved at læse de fire evangelier, og tjente og elskede alle på samme måde som Herren tjente sine disciple. Desuden bad han med mange tårer for at føre utallige sjæle på vejen til frelse ved at modtage Guds kraft ligesom Herren, og han viste utallige beviser på den levende Gud. Tårer trillede ned ad kinderne på ham, når som helst han tænkte på Herren, og mange nætter kunne han ikke sove, fordi han oprigtigt savnede Herren. Ligesom Herren bad hele natten, bad ejeren også hele natten rigtig mange gange, og gjorde sit bedste for fuldt ud at opnå Guds rige.

Hvor vil han være glad og lykkelig, når han kan møde Herren ansigt til ansigt og dele sin kærlighed med ham i Ny Jerusalem!

Jeg kan se min Herre!
Jeg kan placere lyset fra hans øjne
i mine egne,
jeg kan gemme hans smil i min hjerte,
og alt dette er en stor glæde for mig.

Min Herre,
hvor jeg dog elsker dig!
Du har set alt
og du ved alt.
Nu vil jeg finde stor glæde

i at være i stand til at bekende min kærlighed.

Jeg elsker dig, Herre.

Jeg har savnet dig så meget.

Samtalerne med Herren vil aldrig blive kedelige eller trættende.

Gud Fader, som modtog denne kærlighed, ordnede indretningen, ornamenterne og juvelerne smukt på tredje sal af dette storslåede hus. Forarbejdningen og pragten kan slet ikke beskrives, og særligt niveauet af lys er helt specielt. På denne måde kan man mærke Guds retfærdighed og fintfølende kærlighed, hvormed han belønner vores gerninger, bare ved at se rundt på husene i himlen.

3. Seværdigheder i himlen

Hvad er der ellers rundt om det store slot? Hvis jeg forsøger at beskrive denne by-lignende bolig i mindste detalje, vil der være materiale til en hel bog. Rundt om slottet er der en stor have og mange slags bygninger, som er smukt dekoreret og harmonisk fordelt. Blandt disse faciliteter er der en svømmepøl, en forlystelsespark, hytter og et operahus, som alle hjælper til at få denne bolig til at ligne en stor turistattraktion.

Gud belønner alle og enhver i overensstemmelse med deres handlinger

Ejeren af denne bolig har fået et hus med så mange faciliteter, fordi han har helliget krop, sind, tid og penge til Gud på denne jord. Gud belønner alt det, som han gjorde for Guds rige, inklusiv at føre utallige sjæle på vejen til frelse og at bygge Guds kirke. Gud er i stand til at give os både det, vi beder om, og det, som vi ønsker dybt i vores hjerte. Vi ser, at Gud er i stand til at indrette boliger mere perfekt og smukt end nogen arkitekt eller byplanlægger på denne jord, og at vise enhed og forskellighed på samme tid.

På denne jord kan vi for det meste få det, vi gerne vil, hvis vi har penge nok. I himlen er det dog ikke tilfældet. Hverken det hus, man bor i, tøj, juveler, kranse eller tjenende engle kan købes eller lejes, men gives kun i overensstemmelse med målet af ens tro og trofasthed overfor Guds rige.

Som vi ser i Hebræerbrevet 8:5: *"De tjener ved en helligdom, der kun er en efterligning og en skygge af den himmelske, fremstillet efter de anvisninger, Gud gav Moses, da han skulle rejse Åbenbaringsteltet."* Denne verden er en skygge af himlen, og de fleste dyr, planter og den øvrige natur findes også i himlen. Og dér er de meget smukkere end på jorden.

Lad os nu undersøge haverne, som er fyldt med blomster og planter.

Tilbedelsessteder og Den Store Kirke

Nede midt i slottet er der en stor indre gårdhave, hvor der er mange blomster og træer, der skaber nogle smukke omgivelser. På hver side af slottet er der store tilbedelsessteder, hvor folk fra tid til anden kan forherlige Gud med lovsang. Dette himmelske slot, som er så stort, at man slet ikke kan forestille sig det, er som en berømt turistattraktion, udskyret med alle faciliteter, og da det tager lang tid for folk at se hele slottet, er der tilbedelsessteder, hvor de kan hvile sig.

Tilbedelse i himlen i helt anderledes end den, vi er vant til på denne jord. Man er ikke bundet af formaliteter, men kan forherlige Gud med nye sange. Hvis vi synger om Faderens herlighed og Herrens kærlighed, vil vi blive fornyet, idet vi får Helligåndens fylde. Så kan vi opleve endnu dybere følelser af hjertet og blive fyldt med taknemmelighed og glæde.

Ud over disse helligdomme har slottet også en bygning, der er præcis samme form som en bestemt kirke her på denne jord. Mens slottets ejer var på jorden, gav Gud Fader ham til opgave at bygge en enormt storslået kirke, og en kopi af denne kirke så også blevet bygget i Ny Jerusalem.

Ligesom David i det Gamle Testamente har ejeren af dette slot også længtes efter Guds tempel. Der er mange bygninger i verden, men ingen af dem viser for alvor Guds herlighed og værdighed. Og det havde slottets ejer altid været ked af.

Han ønskede med stor ildhu at bygge en kirke, som kun skulle være for Gud Skaberen. Gud Fader accepterede dette længselsfulde hjerte og forklarede detaljeret, hvordan kirkens form, størrelse, udsmykning og indre indretning skulle være. Det ville have været umuligt at bygge den, hvis man skulle sætte sin lid til menneskelig tænkning, men slottets ejer handlede med tro, håb og kærlighed, og til sidst blev Den Store Kirke bygget.

Den Store Kirke er ikke bare en bygning, som er enormt stor og flot. Den er udkrystalliseringen af energien hos de mange troende, som for alvor elsker Gud. Det har været nødvendigt at bruge alverdens skatte for at bygge denne kirke. Konger og

165

folkeslags hjerter er blevet bevæget. Og dermed har der været brug for en mængde kraftfulde gerninger ved Gud, som helt har overgået den menneskelige forestillingsevne.

Slottets ejer har overvundet de mest vanskelige åndelige kampe med sig selv for at få denne form for kraft. Han har troet på Gud, som gør det umulige muligt, og han har udvist godhed, kærlighed og lydighed. Han har bedt konstant og resultatet er, at det er lykkedes at bygge Den Store Kirke, som Gud har taget imod med glæde.

Da Gud Fader ved alt dette, har han også bygget en reproduktion af denne Store Kirke i vedkommendes slot. Naturligvis er Den Store Kirke i himlen bygget med guld og juveler, som er lang smukkere end de tilsvarende materialer på jorden, men bygningens form er den samme.

En koncertsal, der er ligesom Sydney Operahus

I slottet er der også en koncertsal, der ligner Operahuset i Sydney, Australien. Gud Fader har bygget denne koncertsal i slottet af en særlig grund. Da slottets ejer var på denne jord, organiserede han mange grupper af scenekunstnere, idet han forstår, at Gud glædes af hjertets grund over lovpris. Og slottets ejer forherligede Gud Fader i høj grad gennem smukke og yndefulde kristne optrædener.

Det drejede sig ikke kun om udseende, evner og teknikker. Slottets ejer vejledte de optrædende rent åndeligt, sådan at de kunne give Gud den form for lovpris, som for alvor behager ham. Derfor har Gud Fader bygget en smuk koncertsal, sådan at de optrædende frit kan demonstrere deres evner af hjertens lyst i dette slot.

En stor sø strækker sig ud foran bygningen, og det ser ud som om, bygningen flyder på vandet. Der er springvand, som skyder søens vand op i luften, og når vanddråberne falder ned igen, skinner de som juveler. Koncertsalen har en stor scene, der er dekoreret med mange slags ædelsten, og der er mange siddepladser til publikum. Englene optræder dér i smukke kostymer.

De optrædende engle vil danse rundt i kjoler, der udsender lys fra skinnende, gennemsigtige ædelsten, ligesom en guldsmeds vinger. Deres bevægelser er fuldkommen fejlfri og smukke. Der er også engle, som synger og spiller på instrumenter. De spiller de smukkeste og kønneste melodier med sofistikerede egenskaber og teknikker.

Men selv om englene er dygtige, så er duften af deres lovsang og dans meget anderledes end duften fra Guds børn. Guds børn nærer en dyb kærlighed og taknemmelighed overfor Gud af hjertets grund. Disse hjerter, der er blevet smukke gennem den menneskelige kultivering, udsender en velduft, som bevæger Gud Fader.

De børn af Gud, der har haft til opgave at lovprise Gud på jorden, vil også have mange muligheder for at forherlige Gud med deres lovsang i himlen. Hvis en lovprisleder kommer til Ny Jerusalem, kan han eller hun optræde i denne koncertsal, der ligner Operahuset. Og disse optrædende bliver til tider udsendt direkte til alle de andre bosteder i himmelriget. Derfor er det en stor ære at få lov at stå på denne scene bare én gang.

En skybro i regnbuefarver

Floden med livets vand, der skinner med sølvagtige lys, flyder forbi slottet og omgiver det. Den udspringer ved Guds trone, og flyder rundt om Herrens og Helligåndens slotte, gennem Ny Jerusalem, det Tredje, Andet og Første Rige i himlen og Paradis, for derefter at vende tilbage til Guds trone.

Folk kan snakke med fiskene, der har mange smukke farver, mens de sidder på sandet af guld og sølv på bredderne til floden med livets vand. Der er gyldne bænke på begge sider af floden, og livets træer står rundt omkring. Når man sidder på de gyldne bænke og ser på den lækre frugt, behøver man kun at tænke: "Den frugt ser lækker ud", og så vil en tjenende engel bringe frugten i en blomsterkurv, og høfligt tilbyde den.

Der er også smukke, bueformede skybroer rundt om floden med livets vand. Når man går på en skybro med regnbuefarver og ser ned på floden, som flyder fordi, har man det forunderligt, som om man fløj i skyerne eller gik på vandet.

Når man krydser floden med livets vand kommer man til en ydre gårdhave med mange slags blomster og en gylden plæne, og her føler man noget andet end det, man følte i den indre gårdhave.

En forlystelsespark og en blomstervej

Når man krydser skybroen, kommer man til en forlystelsespark, som har mange slags forlystelser, som man aldrig har set, hørt om eller forestillet sig. Selv de bedste forlystelsesparker i verden såsom Disneyland kan ikke sammenlignes med denne forlystelsespark.

Tog lavet af krystal kører rundt i parken, en forlystelse med pirat-tema kører frem og tilbage, en karrusel kører rundt i en lystig rytme og en stor rutsjebane kører fortryllende turer. Når disse forlystelser, som er dekoreret med juveler, kører, så udsender de lys i flere lag, og bare ved at opholde sig der bliver man overvældet af den festlige stemning.

På den ene side af den ydre gårdhave er der en endeløs blomstervej, og hele vejen er dækket med blomster, sådan at man går ovenpå selve blomsterne. Den himmelske krop er så let, at man ikke mærker vægten, så blomsterne bliver ikke trampet ned, selv om man går på dem. Når man går på denne brede blomstervej og indånder den bløde duft af blomsterne, vil de blomster, der er tættest på, lukke deres kronblade, som om de var generte, og derefter åbne sig bredt for at vinke. Dette er en særlig velkomst. I eventyr har blomster små ansigter og kan have samtaler, og det er det samme i himlen.

Man vil blive helt opløftet over at gå på blomsterne og nyde deres duft, og blomsterne er glade og takker for, at man går på dem. Når man træder blidt på dem, udgiver de endnu mere duft. Hver blomst har sin særlige duft, og duftene blive blandet på forskellig måder, så det er en ny oplevelse hver gang, man går på vejen. Blomstervejene er spredt ud her og der, som et smukt maleri, for at øge havens skønhed. Denne grund er enorm og tilsyneladende endeløs, og har alle slags faciliteter.

En stor slette, hvor dyrene leger fredeligt

På den anden side af blomstervejen er der en stor, åben slette med mange slags dyr, som man også kan se på denne jord. Der er naturligvis også dyr andre steder i himlen, men her findes næsten alle slags dyr, undtagen dem, som er gået imod Gud, såsom drager. Synet af sletten minder om den umådelige savanne i Afrika, og dyrene forbliver i området og leger lystigt, selv om der ikke er noget hegn. De er større end de dyr, der findes på jorden, og de skinner i klarere farver. Jungleloven gælder ikke for dem her.

Alle dyrene er milde; selv løverne, som kaldes dyrenes konge, er på ingen måde aggressive, men milde og elskelige med deres gyldne pels. I himlen kan man frit tale med dyrene. Man kan forestille sig naturskønheden ved denne store slette, hvor man kan ride på løver eller elefanter. Dette findes ikke kun i eventyrerne, men gives også til dem, som er frelst og har opnået himlen.

En privat hytte og en gylden stol til at hvile sig i

Da denne persons bolig i himlen er ligesom en stor turistattraktion, som mange kan have glæde af, har Gud givet ejeren en hytte særligt til privat brug. Denne hytte er placeret på en lille bakke, som har en god udsigt og smukke dekorationer. Ikke alle og enhver kan komme ind i denne hytte, for den er til privat brug. Ejeren bruger den til at hvile sig i, eller til at modtage profeter såsom Elias, Enok, Abraham og Moses.

Der er også en anden hytte, som er lavet af krystal, og til forskel fra de andre bygninger er den klar og gennemsigtig. Man kan dog ikke se ind i den udefra, og indgangen er privat. På taget af denne krystalhytte er der en gylden, roterende stol. Når ejeren sidder der, kan han se hele sin grund med et enkelt øjekast hinsides tid og rum. Gud har indrettet det sådan, for at ejeren kan føle glæde ved at se de mange mennesker, der besøger huset, eller simpelt hen slappe af.

En erindringsbakke og en eftertænksomhedsvej

Eftertænksomhedsvejen, som har træer på begge sider, er så rolig, som stod tiden stille. Når ejeren går der, fylder freden hans hjerte, og han bliver mindet om tingene på denne jord. Hvis han tænker på solen, månen og stjernerne, så kommer der en rund skærm op over ham, og solen, månen og stjernerne viser sig på skærmen. I himlen er der ikke brug for lyset fra sol, måne og stjerner, for alt er oplyst af Guds herligheds lys, men denne skærm er blevet givet for at ejeren kan mindes tingene på jorden.

Der er også et sted, der kaldes erindringsbakken, og den danner en stor landsby. Her kan ejeren genkalde sig sit liv på jorden, og der er samlet en række minder til ham: Det hus, han blev født i; de skoler, han gik i; byer, hvor han levede; steder, hvor han gennemgik prøvelser; stedet, hvor han mødte Gud første gang; og de kirker, han oprettede efter at han blev pastor. Alle disse ting er opstillet i kronologisk orden.

Selv om materialerne naturligvis er anderledes end de materialer, man bruger på denne jord, er genstandene fra hans tidligere liv kopieret så præcist, at folk kan få en levende oplevelse af hans jordiske liv. Guds kærlighed er mild og fintfølende!

Vandfald og et hav med øer

Når man går hen ad eftertænksomhedsvejen, kan man høre

en høj og klar lyd i det fjerne. Det er lyden af et vandfald i mange farver. Mens vandet løber, skinner smukke juveler ved bunden af vandfaldet i strålende farver. Det er et storslået sceneri med store mængder vand, der falder fra toppen i tre niveauer, og løber sammen med floden med livets vand. Der er juveler med dobbelt og tripelt skær på begge sider af vandfaldet, og de udsender et forbløffende lys sammen med det sprøjtende vand. Man føler sig forfrisket og fyldt med energi bare ved at se på det.

Der er også en pavillon ved toppen af vandfaldet, hvorfra folk kan se det flotte syn eller hvile sig. Man har overblik over hele grunden, og dette syn er så storslået og smukt, at det ikke kan beskrives passende med ord fra denne verden.

Der er et stort hav bag slottet, og i havet er der øer af forskellige størrelse. Det rene og klare havvand skinner som om, der var drysset juveler ud over vandet. Det er også smukt at se, hvordan fiskene svømmer rundt i det klare hav, og overraskende nok er der bygget smukke huse i en jadegrøn farve under vandet. På denne jord kan selv ikke det rigeste menneske bygge et hus under vandet.

Men himlen er en firedimensional verden, hvor alt er muligt, og der er utallige ting, som vi ikke kan forstå eller forestille os.

Et gigantisk krydstogtsskib ligesom *Titanic* og en krystalbåd

På øerne i dette hav er der mange slags vilde blomster, fugle der synger og ædelsten, som alt sammen bidrager til det smukke sceneri. Der bliver afholdt konkurrencer i kanoroning og surfing for at tiltrække borgerne i himlen. Der er skibe som Titanic på det blidt bølgende hav, og disse fortøjer har mange slags faciliteter såsom svømmepøle, teatre og festsale om bord. Når man er på det gennemsigtige skib, der er lavet af krystal, har man det som om, man går på havet, og man kan opleve havets skønhed fra en oval undervandsbåd.

Hvor ville det være dejligt af være i stand til at være på et skib som *Titanic,* en krystalbåd eller en oval undervandsbåd bare én dag på dette smukke sted! Og da himlen er et evigt sted, kan man nyde alle disse ting til evig tid, hvis man har de rette kvalifikationer til at komme i Ny Jerusalem.

Sportsfaciliteter til rekreation

Der er også mange sportsfaciliteter til rekreation såsom golfbaner, bowlinghaller, svømmepøle, tennisbaner, volleyball baner, basketball baner og så videre. Disse faciliteter er blevet givet, fordi ejeren kunne have nydt disse sportsgrene på jorden, men i stedet arbejdede for Guds rige, og brugte alt sin tid kun for Gud.

I bowlingsalen, som er lavet af guld og juveler i form som en bowlingkegle, er både kuglen og keglerne lavet af guld og juveler. Folk spiller i grupper på tre til fem, og de hygger sig sammen og opmuntrer hinanden. Kuglen føles, som om den næste ikke vejer noget, i modsætning til kuglerne på jorden, og den ruller hurtigt ned af banen, selv om man kun giver den et blidt skub. Når den rammer keglerne, kommer der strålende lys ud af dem sammen med en klar og smuk lyd.

Golfbanen er lavet på gyldne plæner, og græsset lægger sig automatisk ned, sådan at bolden bedre kan trille. Når græsset lægger sig som dominobrikker, ligner det en gylden bølge. I Ny

Jerusalem adlyder selv græsset dets ejers vilje. Efter at man har fået golfkuglen i hul, kommer der et stykke sky, som flytter spilleren videre til den næste bane. Hvor må det være forbløffende og forunderligt!

Folk morer sig også godt i svømmepølen. Da der ikke er nogen, der drukner i himlen, kan selv de mennesker, som ikke tidligere har kunne svømme, gøre det i himlen. Desuden gennembløder vandet ikke tøjet, men triller af som dug af et blad. Folk kan til enhver tid tage sig en svømmetur, for de kan svømme med tøjet på.

Søer i mange størrelser og springvand i haverne

Der er mange søer i forskellige størrelser på den store, himmelske grund. Når søernes fisk i mange farver vifter med finnerne, som om de dansede for at behage Guds børn, ser der ud som om, de ønsker at udtrykke deres kærlighed. Man kan også se fisk, der ændrer deres farve. En fisk, som vifter med finner i sølvfarver, kan pludselig ændre farve og ligne perlemor.

Der er adskillige haver, og hver have er navngivet alt efter dens enestående skønhed og dens karakteristika. Skønheden kan slet ikke beskrives, for man ser et anstrøg af Gud i hvert eneste blad.

Springvandene er også forskellige i overensstemmelse med hver haves karakteristika. Generelt sprøjter de vand op, men der er også springvand, der udsender smukke farver eller dufte. Der er tale om nye og vidunderlige dufte, som man ikke kan opleve på denne jord, såsom duften af udholdenhed, som kommer fra en perle; duften af bestræbelse og lidenskab fra sarder; duften af opofrelse og trofasthed, og mange andre. I centrum af springvandet er der indskrivninger eller tegninger, som forklarer betydningen af hvert springvand, og hvorfor det er blevet opstillet.

Desuden er der mange andre bygninger og særlige steder i denne slotslignende bolig, og det er en skam, at det ikke er muligt at forklare alle faciliteterne detaljeret. Det vigtigste er, at intet er givet uden grund, men alt er belønninger i overensstemmelse med det arbejde, ejeren har gjort for Guds rige og retfærdighed på denne jord.

Jeres løn er stor i himlene

På nuværende tidspunkt må læseren have indset, at denne himmelske bolig er for enorm og storslået til at forestille sig. Det store slot, som er fuldstændig uforstyrret, er bygget i centrum, og der er mange andre bygninger og faciliteter samt store haver rundt om det. Denne bolig er som et turiststed i himlen. Man kan formodentlig ikke undgå at blive forbavset over, at denne utænkeligt store bolig er beredt af Gud til en person, som er blevet kultiveret på denne jord.

Og hvad er så grunden til, at Gud har beredt denne himmelske bolig, der er så stor som en by? Lad os se på Matthæusevangeliet 5:11-12:

"Salige er I, når man på grund af mig håner jer og forfølger jer og lyver jer alt muligt ondt på. Fryd jer og glæd jer, for jeres løn er stor i himlene; således har man også forfulgt profeterne før jer."

I hvor høj grad led apostelen Paulus for at opnå Guds rige?

Han led under unævnelige vanskeligheder og forfølgelser for at prædike om Jesus Frelseren for ikke-jøderne. Vi kan se, at han arbejdede hårdt for Guds rige fra Andet Korintherbrev 11:23 og frem. Paulus blev sat i fængsel, slået, og var i livsfare mange gange, mens han prædikede budskabet.

Men Paulus beklagede eller brokkede sig aldrig. I stedet frydede han sig og var glad, som Guds ord befalede ham. Og døren til verdensmissionen for ikke-jøderne blev åbnet netop gennem Paulus. Derfor kom han naturligvis til Ny Jerusalem og har nu en ære, der skinner som en sol i Ny Jerusalem.

Gud elsker de mennesker højt, som arbejder brændende og er trofaste i en grad, så de vil ofre selv deres liv, og han velsigner dem og belønner dem med mange ting i himlen.

Byen Ny Jerusalem er ikke reserveret til noget særlig person, men enhver, som helliger sit hjerte til at ligne Gud hjerte, og opfylder sin pligt lidenskabeligt, kan komme ind i byen og leve der.

Jeg beder i Herre Jesu Kristi navn, at du må efterligne Guds hjerte gennem indtrængende bøn og Guds ord, og opfylde dine pligter fuldt ud, sådan at du kan komme til Ny Jerusalem og sige direkte til Gud i tårer: "Jeg er så taknemmelig for Faderens store kærlighed."

Kapitel 9

Den første fest i Ny Jerusalem

Den, der bryder blot ét af de mindste bud
og lærer mennesker at gøre det samme,
skal kaldes den mindste i Himmeriget.
Men den, der holder det og lærer andre
at gøre det samme, skal kaldes stor i
Himmeriget.

- Matthæusevangeliet 5:19 -

Den hellige by Ny Jerusalem huser Guds trone og blandt de utallige personer, som er blevet kultiveret på denne jord, vil de, som har hjerter, der er så klare og smukke som krystal, hvile der til evig tid. Livet i Ny Jerusalem med Gud Treenigheden er fuldt af en utænkelig kærlighed, emotion, lykke og glæde. Folk nyder en uendelig lykke ved gudstjenester og fester, og har kærlige samtaler med hinanden.

Når man deltager i en fest i Ny Jerusalem, som bliver holdt af selveste Gud Fader, kan man se optrædener og dele sin kærlighed med utallige personer fra forskellige steder i himlen.

Gud Treenigheden, som vil have afsluttet den menneskelige kultivering efter lang tids udholdenhed, glæder sig og føler sig lykkelig, når han ser sine elskede børn.

Kærlighedens Gud har detaljeret åbenbaret livet i Ny Jerusalem for mig, og byen er så fuld at stærke følelser, at man slet ikke kan forstå det. Jeg har overvundet ondt med godt og elsket mine fjender, selv når jeg har lidt, fordi mit hjerte er fyldt af håb om Ny Jerusalem.

Lad os nu se nærmere på, hvor velsignet det er at "efterligne Guds hjerte", som er så klart og smukt som krystal. Vores eksempel vil være den første fest, der bliver holdt i Ny Jerusalem.

1. Den første fest i Ny Jerusalem

Der er fester i himlen ligesom på denne jord, og gennem disse fester kan vi få et godt indtryk af glæden ved det himmelske liv.

Festerne er steder, hvor vi med et enkelt øjekast kan se himlens
rigdom og skønhed, og nyde disse ting. Ligesom mennesker på
denne jord pynter sig med de smukkeste ting, spiser, drikker
og nyder de bedste måltider ved en fest, som bliver holdt af en
præsident, vil festerne i himlen være fulde af smuk dans og sang,
og megen lykke.

En smuk lyd af lovsigelse fra salen

Festsalen er enormt stor. Når man går gennem indgangen
og kommer ind i salen, kan man ikke se fra den ene ende til den
anden, og der er en smuk lyd af himmelsk musik, som øger de
stærke følelser, man allerede føler.

Vidunderligt er lyset
som har været siden før tidens begyndelse.
Han oplyser alt
med det oprindelige lys.
Han gav liv til sine børn
og skabte englene.

Hans herlighed er stor
på jorden og i himlen
og den er pragtfuld.
Smuk er den nåde
som han alene udstrakte.
Han udstrakte sit hjerte
og skabte verden.
Pris hans store kærlighed med små læber.

Pris Herren
som modtager prisen og fryder sig.
Opløft hans hellige navn
og pris ham til evig tid.
Hans lys er forunderligt
og prisværdigt.

Den klare og elegante lyd af musik smelter ind i ånden, og giver spænding og den slags fred, som en baby føler i sin moders skød.

Den store port til festsalen har samme farve som en hvid ædelsten, og er smykket med himmelske blomster i mange former og farver. Den har et smukt, indgraveret mønster. Man kan se, at Gud Fader har forberedt enhver lille ting i hele byen Ny Jerusalem i mindste detalje med sin fintfølende kærlighed til sine børn.

At passere gennem porten med farve som en hvid ædelsten

Utallige personer går gennem den smukke, store port til festsalen på en lang række, og de, som lever i Ny Jerusalem, kommer ind først. De bærer gyldne kroner, som er højere end kronerne i andre dele af himlen, og udsender milde, smukke lys. Folk bærer hvide rober, som skinner klart med strålende lys. De er lavet af et stof, der er så let og blødt som silke, og det vifter frem og tilbage.

Roberne, som er dekoreret med guld og mange slags juveler, har skinnende broderier af juveler ved halsen og ærmerne, og både mønstret og typen af juveler afhænger af personens belønninger. Beboerne i Ny Jerusalem har en helt anden skønhed og ære end beboerne fra alle andre dele af himlen.

Til forskel fra de mennesker, der bor i Ny Jerusalem, må folk fra andre dele af himlen gennemgå en særlig proces for at deltage i fester i Ny Jerusalem. Mennesker fra Tredje, Andet, og Første Rige i himlen eller fra Paradis må skifter tøj og iføre sig særlige rober for at komme til Ny Jerusalem. Da lyset fra den himmelske krop afhænger af, hvilken del af himlen, folk kommer fra, må de låne passende tøj for at besøge de steder, som har et højere niveau end deres eget bosted.

Derfor er der et separat sted til at skifte tøj. Der er mange rober, som passer til Ny Jerusalem, og englene hjælper folk med at skifte tøj. Men de, som kommer fra Paradis, må skifte tøj alene uden hjælp fra engle, selv om de kun er få. De skifter til tøj, som passer til Ny Jerusalem, og bliver dybt berørt over klædernes herlighed. Samtidig føler de en tristhed over at bære tøj, som de rent faktisk ikke er egnede til at bære.

Folk fra det Tredje, Andet og Første Rige i himlen og fra Paradis må skifte tøj og vise deres invitation til englene ved indgangen til festsalen for at få lov at komme ind.

Den store, strålende festsal

Når man bliver ført ind i festsalen af englene, kan man ikke undgå at blive overvældet af de strålende lys og salens størrelse og pragt. Gulvet i salen skinner med farve som en hvid ædelsten uden nogen plet eller fejl, og der er mange søjler i hver side. De runde søjler er så klare som glas, og der er dekoreret med mange slags juveler for at skabe en enestående skønhed. På hver søjle hænger der en buket, som øger festens stemning og kvalitet.

Hvor ville det være lykkeligt og overvældende at blive inviteret til en jordisk festsal, der var lavet af hvid marmor og klart skinnende krystal! Så hvor meget smukkere og lykkeligere må der ikke være i den himmelske festsal, der er lavet med mange slags himmelske juveler!

Forrest i festsalen i Ny Jerusalem er der to scener, som giver en højtidelig fornemmelse, som om man tog tilbage i tiden og deltog i en kroningsceremoni for en antik kejser. I centrum af den højeste scene er der en stor trone i farve som en hvid ædelsten til Gud Fader. Til højre for tronen er der en trone for Herren, og til venstre står tronen for æresgæsten ved den første fest. Disse troner er omgivet af strålende lys, og de er høje og prægtige. På den laveste scene er der sæder til profeterne, ordnet efter himmelsk rang for at udtrykke Gud Faders kongedømme.

Festsalen er stor nok til de utallige himmelske borgere, som er blevet inviteret. I den ene side af salen er der et himmelsk orkester med en ærkeengel som dirigent. Dette orkester spiller himmelsk musik for at øge glæden og lykken under festen, men det spiller også før festen begynder.

Man tager plads med englenes hjælp

De, som er kommet ind i festsalen, hjælpes hen på angivne plads af englene, og folk fra Ny Jerusalem sidder forrest, efterfulgt af dem, som kommer fra det Tredje Rige, det Andet Rige, det Første Rige og Paradis.

De mennesker, som kommer fra de Tredje Rige, bærer også kranse, men de er fuldstændig anderledes end kronerne i Ny Jerusalem, og disse personer skal sætte et rundt mærke på højre side af kransene for at kunne adskilles fra folk i Ny Jerusalem. De mennesker, som er fra det Andet og det Første Rige, må sætte et rundt mærke på venstre side af brystet, sådan at de automatisk kan adskilles fra mennesker fra det Tredje Rige og Ny Jerusalem. Folk fra det Andet og det Første Rige bærer kranse, men folk fra Paradis har ingen kranse, som de kan tage på.

De mennesker, som er blevet inviteret til festen i Ny Jerusalem, tager plads og venter på at Gud Fader, festens vært, skal ankomme. De er befippede, retter på deres tøj og så videre. Da trompeten lyder for at signalere Faderens ankomst, rejser alle menneskene ved festen sig for at modtage deres vært. De, som ikke er blevet inviteret til festen, kan deltage i begivenheden gennem simultane udsendelser til deres respektive boliger rundt omkring i himlen.

Faderen kommer ind i salen til lyden af trompeter

Når trompeten lyder, vil de mange ærkeengle, som eskorterer Gud Fader først komme ind, og derefter vil hans elskede forfædre i troen følge. Alt og alle er klar til at modtage Gud Fader. Folk, som betragter denne sceneri bliver endnu mere ivrige efter at se Faderen og Herren, og de retter deres øjne mod det forreste af salen.

Endelig kommer Gud Fader ind med strålende og herligt skinnende lys. Hans fremtoning er storslået og værdig, men samtidig mild og hellig. Hans bølgende hår skinner i guld, og der skinner et så klart lys fra hans ansigt og hele hans krop, og folk ikke kan åbne øjnene ordentligt.

Når Gud Fader kommer op til tronen, bukker den himmelske skare og englene, profeterne på scenen og alle de øvrige tilstedeværende ved festen deres hoveder for at tilbede ham.

Det er en stor ære at se selveste Gud Fader, altings Skaber og Hersker. Hvor må det være glædeligt og bevægende! Men ikke alle gæsterne kan se ham. Folk fra Paradis, det Første Rige og det Andet Rige kan ikke løfte blikket på grund af det strålende lys. De nøjes med at fælde tårer i glæde og taknemmelighed over at de kan være tilstede med denne fest.

Herren præsenterer æresgæsten

Når Gud Fader sidder på sin trone, kommer Herren ind ledsaget af en smuk og elegant ærkeengel. Han bærer en høj og prægtig krone, og en lang, hvid, skinnende kappe. Han ser meget værdig ud og er fuld af pragt. Herren bukker for Gud Fader først for at være høflig, og modtager derefter englenes, profeternes og alle andre menneskers tilbedelse, mens han smiler til dem. Gud Fader, som sidder på sin trone, er glad for at se alle disse menneske deltage i festen.

Herren går op på et podium og præsenterer æresgæsten ved den første fest, og fortæller detaljeret alt om hans virke for at hjælpe den menneskelige kultivering. Nogle af de mennesker, som deltager i festen, spekulerer på, hvem det er, og dem, som allerede kender denne person, er lytter forventningsfuldt til Herrens ord.

Endelig afslutter Herrens sine bemærkninger ved at forklarer, i hvor høj grad denne mand elskede Gud Fader, hvordan han forsøgte at frelse mange sjæle, og hvordan han fuldt ud opfyldte Guds vilje. Så bliver Gud Fader overvældet af glæde, og rejser sig op for at byde velkommen til æresgæsten ved den første fest, ligesom en fader byder velkommen til sin søn, som vender hjem med succes, eller ligesom en konge modtager en triumferende general. Trompeterne lyder endnu engang i festsalen, som er fuld af forventning og spænding, og så kommer æresgæsten, som skinner strålende, ind.

Han bærer en høj og pragtfuld krone og en lang hvid kappe, der ligner Herrens. Han ser også værdig ud, men folk kan se hans mildhed og nåde i hans ansigt, der ligner Gud Faders.

Når æresgæsten ved den første fest kommer ind, rejser folk sig og begynder at komme med glade tilråb med deres hænder løftet som for at forme en bølge. De vender sig og fryder sig sammen med de andre ved at omfavne dem. Ved for eksempel en World Cup finale reagerer alle mennesker fra vinderlandet, som er ved kampen eller ser den i deres hjemland, på samme måde, når bolden passerer målmanden og bringer sejr: De fryder sig og kommer med glade tilråb, udveksler high-fives og så videre. Noget lignende vil ske i festsalen i Ny Jerusalem.

2. Profeter af første rang i himlen

Hvad er det så vi særligt skal gøre for at blive borgere i Ny Jerusalem og deltage i den første fest? Vi skal ikke alene tage imod Jesus Kristus og få Helligånden som gave, men også bære Helligåndens ni frugter og efterligne Guds hjerte, der er så klart og smukt som krystal. I himlen bliver ordenen bestemt af i hvilken udstrækning man har helliggjort sig til at efterligne Guds hjerte.

Selv ved denne første fest i Ny Jerusalem kommer profeterne ind i rækkefølge efter deres himmelske rang, lige før Gud Fader kommer ind i salen. Jo højere rang profeterne eller forfædrene i troen har, jo tættere kan de være på Guds trone. Da himlen regeres efter en orden, der er baseret på rang, ved vi, at vi må efterligne Guds hjerte for at være tæt på hans trone.

Lad os nu se nærmere på et hjerte, der er klart og smukt som krystal ligesom Guds hjerte, og lad os undersøge, hvordan vi kan efterligne det fuldt ud, ved at se på hvordan profeterne af første rang har levet.

Elias blev løftet op uden at se døden

Af alle de mennesker, som er blevet kultiveret på denne jord, er det Elias, som har den højeste rang. I Bibelen kan man se, at ethvert aspekt af Elias' liv vidnede om den levende Gud, den eneste sande Gud. Han var profet på kong Akabs tid i det nordlige Israel, hvor tilbedelsen af falske guder var udbredt. Han konfronterede 850 profeter, som tilbad falske guder, og bragte ild ned fra himlen. Elias påkaldte også en voldsom regn efter 3½ år med tørke.

> *"Elias var et menneske under samme kår som vi, og han bad en bøn om, at det ikke måtte regne, og det regnede ikke i landet i tre år og seks måneder; og han bad igen, og himlen gav regn, og jorden lod sine afgrøder vokse frem"* (Jakobsbrevet 5:17-18).

På grund af Elias kunne en håndfuld mel i en krukke og en smule olie vare indtil hungersnøden var overstået. Han genoplivede den døde søn af en enke og delte vandene i Jordan Floden. Til sidst blev han ført til himmels i en hvirvelvind (Anden Kongebog 2:11).

Hvad er så grunden til at Elias, som var menneske under samme kår som os, kunne udføre Guds kraftfulde arbejde og undgå døden? Det skyldes, at han gennem de mange prøvelser i sit liv opnåede et hjerte, som var så rent og klart som krystal, og som lignede Guds hjerte. Elias stolede fuldstændig på Gud i forskellige situationer, og han adlød ham altid.

Da Gud befalede ham det, tog profeten hen til kong Akab, som havde forsøgt at myrde ham, og erklærede foran utallige mennesker at Gud var den eneste sande Gud. Derfor modtog han Guds kraft, manifesterede kraftfulde gerninger for at forherlige Gud, og opnåede retten til at nyde ære og herlighed til evig tid.

Enok gik med Gud i 300 år

Og hvad med Enok? Ligesom Elias, blev Enok løftet op til himlen uden at se døden. Selv om Bibelen ikke nævner meget om ham, kan vi stadig mærke, i hvor høj grad, han efterlignede Guds hjerte:

"Da Enok havde levet i 65 år, fik han Metusalem. Efter at Enok havde fået Metusalem, vandrede han med Gud i 300 år og fik sønner og døtre. Enok levede i alt 365 år. Han vandrede med Gud. Så var han der ikke mere, for Gud havde taget ham bort" (Første Mosebog 5:21-24).

Enok begyndte at gå med Gud i en alder af 65. Han var elskelig i Guds øjne, fordi han efterlignede Guds hjerte. Gud kommunikerede med ham på et dybt plan, gik med ham i 300 år, og tog ham til sig i live for at placere ham tæt på sig. At "gå med Gud" betyder her at Gud er med den person i alt, og Gud var med Enok, hvor som helst han gik i tre århundreder.

Hvis du tager på tur, hvilken slags menneske vil du så helst tage af sted sammen med? Turen vil blive mest behagelig, hvis du tager af sted sammen med en person, som du kan dele dine tanker med. Vi ved dermed, at Enok efterlignede Guds hjerte, og at han derfor kunne gå med Gud.

Da Gud er lys, godhed og kærlighed må vi ikke have noget mørke i os, når vi skal gå med ham, men kun have overskud af godhed og kærlighed. Enok holdt sig selv hellig, selv om han levede i en syndefuld verden, Han holdt sig hellig, selv om han levede i en syndefuld verden, og formidlede Guds vilje til folket (Judasbrevet 1:14). Bibelen fortæller ikke om, at han har udrettet store gerninger eller udført en særlig pligt. Men Enok frygtede Gud dybt i sit hjerte, undgik det onde og levede et helligt liv for at være i stand til at gå med Gud. Gud tog ham og placerede han tæt på sig selv meget hurtigt.

Derfor fortæller Hebræerbrevet 11:5 os følgende: *"I tro blev Enok taget bort, for at han ikke skulle se døden, og han var der ikke mere, for Gud havde taget ham bort; for det er bevidnet, at før han blev taget bort, havde han behaget Gud."* Enok besad den form for tro, som behager Gud, blev velsignet til at gå med Gud til evig tid, og blev løftet op til himlen uden at se døden, og han blev den anden højest rangerende person i himlen.

Abraham blev kaldt Guds ven

Hvilket smukt hjerte må Abraham ikke have haft, når han

blev kaldt Guds ven og fik den tredje højeste rang i himlen?

Abraham stolede fuldt ud på Gud og adlød ham fuldstændig. Da han forlod sit land på Gud befaling, kendte han ikke engang sin destination, men han fulgte buddet i lydighed. Desuden adlød han straks, da han blev beordret at ofre sin søn Isak, som han havde fået i en alder af 100 år, som brændoffer. Han stolede på Gud, som er god og almægtig, og som kan genoplive de døde.

Og Abraham var på ingen måde selvisk. Da hans nevø Lot og hans husholdning blev så stor, at der ikke længere var plads til dem begge, lod Abraham Lot vælge jord først med ordene: *"Der må ikke være splid mellem dig og mig, mellen dine og mine hyrder, for vi er jo i slægt med hinanden. Se, hele landet ligger åbent foran dig! Lad os gå hver til sit; vil du til venstre, går jeg til højre, og vil du til højre, går jeg til venstre"* (Første Mosebog 13:8-9).

Ved en lejlighed forenede mange konger sig og invaderede Sodoma og Gomorra, og de stjal alle ejendelene og maden, og pågreb Lot, som levede i Sodoma. Så tog Abraham 318 mænd, der var født som hans trælle, forfulgte kongerne og bragte ejendele og mad tilbage. Kongen i Sodoma ønskede at give Abraham nogle af ejendelene som tegn på sin taknemmelighed, men denne afslog. Abraham havde gjort denne gerning for at bevise, at hans velsignelser kom fra Gud. På samme måde adlød han i tro på Gud herlighed med et hjerte så rent og smukt som krystal. Derfor velsignede Gud ham til overflod på denne jord og i himlen.

Moses, lederen af udvandringen

Hvilken slags hjerte havde Moses, som ledte udvandringen,

siden han har fået den fjerde højeste rang i himlen? Fjerde Mosebog 12:3 fortæller os følgende: *"Men manden Moses var mere sagtmodig end noget andet menneske på jorden."*

I Judas' Brev er der en scene, hvor ærkeenglen Mikael skændes med djævlen om Moses lig, fordi Moses havde kvalifikationerne til at blive løftet op til himlen uden at se døden. Da Moses var prins i Egypten, dræbte han engang en egypter, som slog en hebræer. Af den grund hævdede djævlen, at Moses måtte se døden.

Men ærkeenglen Mikal diskuterede med djævlen, og sagde at Moses havde skilt sig af med alle sine synder, og at han havde de rette kvalifikationer til at blive løftet op. I Matthæusevangeliet 17, læser vi at Moses og Elias kom ned fra himlen for at have en samtale med Jesus. Deraf kan vi udlede, hvad der skete med Moses' lig.

Moses måtte flygte fra Faraoens palads på grund af det mord, han havde begået. Derefter vogtede han får i ørkenen i 40 år. Gennem denne prøvelse i ørkenen, nedbrød han al sin stolthed, sine lyster og sin egen retfærdighed, som han havde haft som prins i Faraoens palads. Først herefter tildelte Gud ham den opgave at bringe israelitterne ud af Egypten.

Moses, som engang havde dræbt et menneske og var stukket af, måtte tage tilbage til Faraoen og bringe israelitterne ud af Egypten, hvor de havde været slaver i 400 år. Dette syntes umuligt med menneskelig tænkning, men Moses adlød Gud, og tog afsted til Faraoen. Ikke alle og enhver ville kunne bringe millioner af israelitter ud af Egypten og føre dem til Kanaans land. Derfor raffinerede Gud først Moses i ørkenen i 40 år og gjorde ham til et godt kar, som kunne favne og holde alle israelitterne. På denne måde blev Moses et menneske, som kunne adlyde indtil døden gennem prøvelserne, og som kunne udføre den pligt at lede udvandringen. Vi kan se i Bibelen, hvor stort et menneske Moses var:

> *"Så vendte Moses tilbage til Herren og sagde: 'Ak, dette folk har begået en stor synd; de har lavet sig en gud af guld. Gid du dog vil tilgive dem deres synd! Men hvis ikke, så slet mig af den bog, du fører '"*
> (Anden Mosebog 32:31-32).

Moses vidste udmærket, at det at få slettet sit navn fra Herrens bog ikke alene ville betyde en fysisk død. Men selv om Moses vidste, at de personer, hvis navn ikke står i livets bog, vil blive smidt i helvedes flammer – den evige død – og lide til evig tid, var han beredt til at tage denne vej for at hans folks synder skulle tilgives.

Hvad kan Gud have følt ved synet af denne Moses? Gud var yderst tilfreds med ham, fordi han for alvor forstod Guds hjerte, som hader synd, og alligevel ønskede at redde synderne; og Gud besvarede hans bøn. Han anså Moses som mere værdifuld end hele det israelitiske folk, fordi hans hjerte var ret i Guds øjne, og var rent og klart som det vand, der udspringer fra Guds trone.

Hvis man havde en diamant på størrelse med en bønne uden nogen fejl eller plet, og hundredvis af sten på størrelse med en knytnæve, hvad ville man så anse for mest værdifuldt? Ingen ville vælge de almindelige sten frem for diamanten.

Når vi indser, at værdien af Moses, som opnåede Guds hjerte, er langt større end værdien af hele det israelitiske folk, bør vi bestræbe os på at opnå hjerter, der er så rene og klare som krystal.

Paulus, ikke-jødernes apostel

Den femte person i den himmelske rangorden er apostelen
Paulus, som helligede sit liv til at forkynde for ikke-jøderne.
Selv om han var trofast overfor Guds rige indtil døden med stor
lidenskab, var han altid bevidst om og ked af, at han engang
havde forfulgt troende på Jesus Kristus, før han selv havde taget
imod Herren. Det er derfor, han bekender i Første Korintherbrev
15:9: *"For jeg er den ringeste af apostlene, ikke værdig til at
kaldes apostel, fordi jeg har forfulgt Guds kirke."*

Ikke desto mindre valgte Gud ham, fordi han var et godt
kar. Gud raffinerede ham og brugte ham som apostel for
ikke-jøderne. Andet Korintherbrev 11:23 og frem forklarer
detaljeret de mange vanskeligheder han led, mens han prædikede
budskabet, og vi kan se, at han led et fortvivlende liv. Han blev
slået og sat i fængsel mange gange. Fem gange piskede jøderne
ham fyrre gange minus én; tre gange blev han slået med stokke;
en gang blev han stenet; tre gange led han skibbrud, og drev
rundt i det åbne hav; ofte sov han ikke; han kendte til sult og
tørst, og fik ofte ingen mad; og han oplevede at være kold og
nøgen (Andet Korintherbrev 11:23-27).

Paulus led så meget, at han bekendte i Første Korintherbrev
4.9: *"Mig forekommer det nemlig, at Gud har gjort os apostle
til de ringeste, næsten til dødsdømte; vi er blevet et skuespil for
verden, for både engle og mennesker."*

Så hvorfor tillod Gud så mange vanskeligheder og forfølgelser
af Paulus, som var trofast indtil døden? Gud kunne have
beskyttet Paulus fra alle vanskeligheder, men han ønskede, at
Paulus skulle opnå et hjerte så rent og smukt som krystal gennem

disse problemer. Apostelen Paulus kunne trods alt finde trøst og glæde i Gud, fornægte sig selv fuldstændig og have Kristi form. Og han bekender i Andet Korintherbrev 11:28: *"Hertil kommer det, som dagligt trykker mig: bekymringen for alle menighederne."*

Han udtrykker også i Romerbrevet 9:3: *"Jeg ville ønske, at jeg selv var forbandet og skilt fra Kristus, hvis det kunne hjælpe mine brødre og landsmænd."* Paulus, som havde et hjerte så rent og smukt som krystal, kom ikke alene i Ny Jerusalem, men er også tæt på Guds trone.

3. Kvinder, som er smukke i Guds øjne

Vi har allerede set lidt på den første fest i Ny Jerusalem. Når Gud Fader kommer ind i salen, er der en kvinde bag ham. Hun opvarter Gud Fader iklædt en hvid kjole, der næsten rører gulvet, og som er dekoreret med mange slags juveler. Denne kvinde er Maria Magdalene. I betragtning af omstændighederne på den tid, hvor kvinders offentlige rolle var meget begrænset, havde hun ikke mulighed for at gøre meget for at opnå Guds rige, men da hun var en smuk kvinde i Guds øje, kom hun til det mest ophøjede sted i himlen.

Ligesom der er en rangorden mellem profeterne alt efter, hvor meget de har efterlignet Guds hjerte, har også kvinderne i himlen en rangorden alt efter, hvor meget de har anerkendt og elsket Gud.

Hvilken slags liv levede da de kvinder, som blev anerkendt og elsket af Gud, og som blev ærefulde mennesker i himlen?

Maria Magdalene var den første, som mødte den genopstandne Herre

Den kvinde, som er mest elsket af Gud, er Maria Magdalene. I lang tid havde hun være bundet til mørkets magt og modtaget andres hån og foragt, og hun havde lidt af adskillige sygdomme. En af disse svære dage havde hun hørt nyheden om Jesus, købt ham en dyr parfume og var taget hen til ham. Hun hørte, at Jesus var kommet til en af farisæernes hus, men hun vovede ikke at gå ind til ham, selv om hun havde ventet lang tid på at møde ham. Så hun fulgte tæt efter ham, fugtede hans fødder med sine tårer, tørrede dem af med sit hår, og hældte parfumen ud over ham. Gennem denne troshandling blev hun fri for sygdommens smerter, og hun var taknemmelig. Fra da af elskede hun Jesus højt og fulgte ham, hvor som helst han tog hen. Hun blev en smuk kvinde, som helligede sit liv til ham (Lukasevangeliet 8:1-3).

Hun fulgte Jesus, selv da han blev korsfæstet og udåndede, selv om hun var klar over, at det kunne koste hende livet alene at være tilstede der. Maria gik langt ud over kun at give tilbage for den nåde, hun havde modtaget, men fulgte Jesus og helligede alt, selv sit liv, til ham.

Maria Magdalene, som elskede Jesus så højt, blev det første menneske, der mødte Herren efter hans genopstandelse. Hun blev den største kvinde i menneskehedens historie, fordi hun havde et godt hjerte, og udførte smukke handlinger, som rørte selv Gud.

Jomfru Maria blev velsignet til at undfange Jesus

Den anden smukkeste kvinde i Guds øjne er Jomfru

Maria, som blev velsignet til at undfange Jesus, som blev hele menneskehedens Frelser. For omkring 2000 år siden kom Jesus i kød for at udløse alle mennesker fra deres synder. For at fuldføre dette, var der brug for en kvinde, som var passende i Guds øjne, og Maria, som på daværende tidspunkt var forlovet med Josef, blev valgt. Gud lod hende på forhånd vide gennem ærkeenglen Gabriel, at hun ville undfange Jesus ved Helligånden. Maria involverede ikke nogen menneskelig tænkning, men bekendte modigt med tro: *"Se, jeg er Herrens tjenerinde. Lad det ske efter dit ord!"* (Lukasevangeliet 1:38)

På det tidspunkt ville en jomfru, der blev gravid, ikke alene blive udsat for offentlig unåde, men også blive stenet til døde ifølge Moseloven. Ikke desto mindre troede hun dybt i sit hjerte, at alt var muligt for Gud, og bad om at det, der var blevet sagt, ville ske. Hun havde et hjerte, der var så godt, at hun adlød Guds ord, selv om det kunne have kostet hende livet. Hvor må hun have været lykkelig og taknemmelig, da hun undfangede Jesus, og mens hun så ham vokse op med Guds kraft! Det var en stor velsignelse for Maria, som var en simpel skabning.

Derfor var hun lykkelig over at have Jesus, og hun tjente ham og elskede ham mere end sit liv. På denne måde blev Maria velsignet i overflod af Gud, og modtog evig herlighed sammen med Maria Magdalene blandt kvinderne i himlen.

Ester fulgte Guds vilje uden frygt

Ester, som modigt frelste sit folk med tro og kærlighed, blev en smuk kvinde i Guds øjne og nåede en ærefuld position i himlen.

Efter at kongen af Persien Ahaverus havde frataget dronning

Vashti sin royale position, blev Ester udvalgt blandt mange smukke kvinder og blev dronning, selv om hun var jøde. Hun blev elsket af kongen og af mange mennesker, fordi hun ikke førte sig frem og ikke var stolt, men kun smykkede sig med renhed og elegance, selv om hun allerede var meget smuk.

Mens hun var i denne royale position, kom jøderne ud for en stor krise. Agagitten Haman, som fandt nåde i kongens øjne, blev vred over, at en jøde ved navn Mordokaj ikke ville kaste sig på knæ for ham og vise ham respekt og ære. Han planlagde derfor at udrydde alle jøder i Persien, og fik kongens tilladelse til at gøre det.

Ester fastede for sit folk i tre dage og besluttede sig for at gå til kongen (Estres Bog 4:16). Ifølge loven i Persien på den tid skulle alle, som gik til kongen uden at han havde sendt bud efter dem, slås ihjel, medmindre han rakte sit guldscepter ud mod personen. Efter den tre dage lange faste stolede Ester på Gud og gik til kongen med følgende beslutning: "Skal jeg dø, så lad mig dø!" Som resultat af Guds intervention blev Haman, som havde lagt onde planer, selv dræbt. Ester frelste ikke alene sit folk, men blev også elsket endnu mere af sin konge.

På den måde blev Ester anerkendt som en smuk kvinde og opnåede en høj position i himlen, fordi hun var stærk i sandheden og havde mod til at opgive sit eget liv, hvis det var Guds vilje.

Ruth havde et smukt og godt hjerte

Lad os nu se nærmere på Ruths liv. Hun blev også anerkendt som en smuk kvinde i Guds øjene og er blevet en af de største kvinder i himlen. Hvilken slags hjerte havde hun og hvilke gerninger gjorde hun for at behage Gud og blive velsignet?

Moabitten Ruth giftede sig med en israelit, hvis familie var flyttet til Moab på grund af hungersnøden, men hun mistede hurtigt sin mand. Alle mændene i hendes familie døde hurtigt, så hun levede sammen med sin svigermor Noomi og sin svigerinde Orpa. Noomi, som tænkte på de unge kvinders fremtid, foreslog dem at tage tilbage til deres familier. Orpa forlod Noomi i tårer, men Ruth blev hos sin svigermor med følgende erklæring:

"Du må ikke tvinge mig til at forlade dig og vendte tilbage. Nej, hvor du går hen, vil jeg gå, hvor du bor, vil jeg bo; dit folk er mit folk, og din Gud er min Gud. Hvor du dør, vil jeg dø, og der vil jeg begraves. Herren ramme mig igen og igen: Kun døden kan skille os!"

Da Ruth havde dette smukke hjerte, tænkte hun aldrig på egen fordel, men fulgte kun godheden, selv om det kunne skade hende, og hun gjorde sin pligt ved at tjene sin svigermor trofast med glæde.

Ruths gerninger til tjeneste for sin svigermor var så smukke, at hele landsbyen kendte til Ruths trofasthed og elskede hende. Til sidst blev hun med sin svigermors hjælp gift med en mand ved navn Boaz, som var løser. Hun fødte en søn, og blev oldemor til Kong David (Ruths Bog 4:13-17). Desuden blev Ruth velsignet til være del af Jesu stamtavle, selv om hun var ikke-jøde (Matthæusevangeliet 1:5-6), og hun blev en af de smukkeste kvinder i himlen sammen med Ester.

4. Maria Magdalene er tæt ved Guds trone

Hvad er så grunden til, at Gud lader os vide besked om den første fest i Ny Jerusalem og om profeternes og kvindernes rangorden? Kærlighedens Gud ønsker ikke alene, at alle mennesker skal modtage frelse og nå himlens rige, men også at de skal efterligne han hjerte, sådan at de kan være tæt på hans trone i Ny Jerusalem.

For at få den ære at være tæt på Guds trone i Ny Jerusalem, må vores hjerter ligne hans hjerte, der er så klart og smukt som krystal. Vi må opnå et smukt hjerte, der er ligesom de tolv grundsten til murene til byen Ny Jerusalem.

Vi vil derfor se nærmere på, hvordan Maria Magdalene, som tjener Gud og er tæt ved hans trone, levede. Mens jeg bad for mine prædikener om Johannesevangeliet, kom jeg til at vide en hel del om Maria Magdalenas liv gennem Helligåndens inspiration. Gud åbenbarede forskellige ting for mig, som for eksempel hvilken slags familie, Maria Magdalene blev født i, hvordan hun levede, og hvor lykkeligt hendes liv blev, efter at hun mødte Jesus vores Frelser. Jeg håber, at du vil følge hendes smukke og gode hjerte, hvormed hun påtog sig skylden for hvad som helst, og hendes livgivende kærlighed til Herren, sådan at også du må få den ære at være tæt ved Guds trone.

Hun blev født i en familie, som tilbad falske guder

Hun blev kaldet "Maria Magdalene", fordi hun blev født i en landsby ved navn "Magdalene", som var fuld af mennesker, der tilbad falske guder. Hendes familie var ingen undtagelse; der var faldet en forbandelse over hendes familie gennem mange generationer, fordi de havde tilbedt falske guder, og de havde mange problemer.

Maria Magdalene, som blev født i den værst tænkelige spirituelle situation, kunne ikke spise ordenligt på grund af fordøjelsesforstyrrelser. Hun var fysisk svag det meste af tiden, og hendes krop var sårbar overfor alle slags sygdomme. Desuden stoppede hendes menses i en ung alder, og hun mistede dermed en vigtig funktion som kvinde. Derfor blev hun altid i sit hus, og gjorde sig ydmyg, som om hun ikke var til stede. Men selv om hun blev hånet og behandlet køligt af sin egen familie, havde hun ingen klager over dem. I stedet forstod hun dem og forsøgte at være en kilde til styrke for dem, ved selv at påtage sig al skyld. Da hun indså, at hun ikke kunne styrke sin familie, men kun var en byrde for dem, forlod hun dem. Hun gjorde det ikke af had eller afsky over for dem, men kun for ikke at ligge til byrde for dem.

Hun gjorde sit bedste og tog al skylden på sig

Hun mødte en mand og forsøgte at støtte sig til ham, men han havde et ondt hjerte. Han forsøgte ikke at forsørge sin familie, men spillede i stedet. Han bad Maria Magdalene om flere penge, og ofte råbte han af hende og slog hende.

Maria Magdalene begyndte at sy, mens hun ledte efter en mere stabil indkomstkilde. Men da hun var svagelig af natur og arbejdede hele dagen, blev hun endnu svagere, og måtte til sidst støtte sig til andre mennesker, selv når hun skulle bevæge sig. Selv om den nævnte mand blev forsørget af hende, var han ikke taknemmelig, men ignorerede hende eller nedværdigede hende.

Maria Magdalene hadede ham ikke, men var i stedet ked af, at hun ikke kunne være en større hjælp for ham på grund af sin svage krop, og hun betragtede hans dårlige behandling som rimelig.

Mens hun var i denne desperate situation, forsaget af sine forældre, brødre og sin mand, hørte hun den gode nyhed: Hun hørte om Jesus, som udførte forunderlige mirakler såsom at få de blinde til at se og de stumme til at tale. Da Maria Magdalene hørte om alle disse ting, havde hun slet ingen tvivl om de tegn og undere, der blev udført af Jesus, for hendes hjerte var godt. I stedet havde hun tro på, at hendes svagelighed og sygdom ville blive helbredt, når først hun mødte Jesus.

Hun længdes med tro efter at møde ham. Endelig hørte hun at Jesus var kommet til hendes landsby og boede hos en farisæer ved navn Simon.

Udhældte parfume med tro

Maria Magdalene var så lykkelig, at hun købte en parfume med de penge, hun havde opsparet fra sit arbejde som syerske. Det kan ikke beskrives dækkende, hvad hun følte, da hun mødte Jesus.

Folk forsøgte at forhindre hende i at nærme sig Jesus på grund af hendes lurvede tøj, men ingen kunne stoppe hendes lidenskab. Til trods for folks skarpe blikke gik Maria Magdalene hen til Jesus, og græd uendelige tårer, da hun så hans milde væsen.

Hun turde ikke stille sig foran ham, så hun nærmede sig ham bagfra. Da hun var ved hans fødder, græd hun endnu flere tårer, og fugtede hans fødder. Hun tørrede derefter hans fødder med sit hår, og åbnede krukken med parfume for at hælde den ud over dem, for han var hende dyrebar.

Da Maria Magdalene kom til Jesus med stor oprigtighed, blev hun ikke alene tilgivet sine synder og opnåede frelse, men blev også helbredt på forunderlig vis for både sine fordøjelsesproblemer og sine hudsygdomme. Alle dele af hendes krop begyndte at fungere normalt, og hendes menses kom igen. Hendes ansigt, som havde set forfærdeligt ud på grund af de mange sygdomme, blev fyldt med glæde og lykke, og hendes krop, der havde været svagelig, blev sund og rask. Hun genfandt sin værdi som kvinde, og var ikke længere bundet til mørkets magt.

Fulgte Jesus til det sidste

Maria Magdalene oplevede noget, som hun var mere taknemmelig for end helbredelsen: Hun mødte en person, som gav hende en overflod af kærlighed, hvilket hun aldrig før havde været udsat for. Fra dette øjeblik helligede hun al sin tid og lidenskab til Jesus med glæde og taknemmelighed. Da hendes helbred var blevet genoprettet, kunne hun støtte Jesus finansielt med sit arbejde som syerske og andre jobs, og hun fulgte ham af hele sit hjerte.

Maria Magdalene fulgte ikke kun Jesus, da han udførte tegn og gerninger, og ændrede mange menneskers liv med kraftfulde budskaber, men var også med ham, da han led hos de romerske soldater og tog korset. Selv da Jesus hængte på korset, var hun der. Til trods for, at det kunne have kostet hende livet at være der, tog Maria Magdalene op til Golgata sammen med Jesus, da han bar korset.

Hvad må hun ikke have følt, da Jesus, som hun oprigtigt

elskede, led så stor smerte og udgød vand og blod?

Herre, hvad skal jeg gøre,
hvad skal jeg gøre?
Herre, hvordan kan jeg leve?
Hvordan kan jeg leve uden dig, Herre?

...

Hvis bare jeg kunne tage det blod,
du udgød.
Hvis bare jeg kunne tage den smerte,
du lider.

...

Herre,
jeg kan ikke leve uden dig.
Jeg kan ikke leve
uden af være sammen med dig.

Maria Magdalene så ikke bort fra Jesus, før han havde udåndet, og hun forsøgte at indgravere hans øjnes glans og hans ansigt dybt i sit hjerte. Desuden blev hun hos Jesus indtil det sidste, og fulgte Josef af Arimatæa, som lagde Jesu lig i en grav.

Så den genopstandne Herre ved daggry

Maria Magdalene ventede til sabbatten var overstået, og ved

daggry den første dag efter sabbatten tog hun ud til graven for at parfumere Jesu lig. Men hun kunne ikke finde det. Hun blev meget trist og græd, og den genopstandne Herre viste sig for hende. Dermed havde hun den ære at møde den genopstandne Herre før nogen anden.

Selv efter at Jesus var død på korset, kunne hun ikke tro det. Jesus var hendes et og alt, og hun elskede ham højt. Hvor må hun have været lykkelig over at møde den genopstandne Herre i denne alvorlige situation! Hun kunne ikke stoppe tårerne på grund af alle de stærke følelser. Først genkendte hun ikke Herren, men da han kaldte hende "Maria" med blid stemme, genkendte hun ham. I Johannesevangeliet 20:17 siger den genopstandne Herre til hende: *"Hold mig ikke tilbage, for jeg er endnu ikke steget op til Faderen; men gå hen til mine brødre og sig til dem: 'Jeg stiger op til min fader og jeres fader, til min Gud og jeres Gud.'"* Da Herren også elskede Maria Magdalene højt, viste han sig for hende inden han mødte Faderen efter genopstandelsen.

Fortalte nyheden om Jesu genopstandelse

Kan man forestille sig, hvor umådelig lykkelig Maria Magdalene må have været, da hun mødte den genopstandne Herre, som hun elskede så højt? Hun bekendte, at hun ønskede at være sammen med Herren for evigt. Herren kendte hendes hjerte, men forklarede hende, at hun ikke kunne være sammen med han her og nu, og gav hende en mission. Hun skulle fortælle nyheden om hans genopstandelse til disciplene, for de havde behov for sindsro og trøst efter chokket over Jesu korsfæstelse.

I Johannesevangeliet 20:18 ser vi at: *"Maria Magdalene*

gik hen og fortalte disciplene: 'Jeg har set Herren', og at han havde sagt dette til hende.'' Det var ikke noget tilfælde, at Maria Magdalene var den første, som så den genopstandne Herre, og at det var hende, som overbragte nyheden til disciplene. Det var et resultat af hendes hengivenhed og tjeneste for Herren med lidenskabelig kærlighed til ham.

Hvis Pilatus havde spurgt nogen, om de ville have ladet sig korsfæste i Jesu sted, ville hun have været den første til at melde sig; Maria Magdalene elskede Jesus højere end sit liv, og tjente ham med fuldkommen hengivenhed.

Den ære at tjene Gud Fader

Gud var tilfreds med Maria Magdalene, som havde et godt hjerte uden noget ondt, og som havde en fuldendt spirituel kærlighed. Maria Magdalene elskede Jesus med uforanderlig og sand kærlighed fra det øjeblik, hun mødte ham. Gud Fader, som tog imod hendes gode og smukke hjerte, ønskede at placere hende tæt ved sig for at dufte den gode og behagelige aroma fra hendes hjerte. Det var derfor han lod Maria Magdalene nå den herlighed at tjene ham og at røre hans trone, da tiden kom.

Det som Gud Fader ønsker mest af alt er at få sande børn, som han kan dele sin kærlighed med til evig tid. Det var derfor, han planlagde den menneskelige kultivering, omdannede sig selv til Treenigheden, og har ventet meget lang tid med vedholdenhed på menneskeheden på denne jord.

Når de himmelske boliger alle sammen er rede, vil Herren vise sig i luften og holde bryllupsfest med alle sine brude. Han vil lade dem regere sammen med ham i tusind år, og føre dem til de himmelske boliger. Vi vil leve med Gud Treenigheden i den yderste lykke og glæde til evig tid i himlen, som er klar, ren og smuk som krystal, og fyldt med Guds herlighed. Hvor lykkelige vil de mennesker, som kommer i Ny Jerusalem ikke være, når de kan møde Gud ansigt til ansigt og være hos ham til evig tid!

For to tusind år siden spurgte Jesus: *"Men når Menneskesønnen kommer, mon han så vil finde troen på jorden?"* (Lukasevangeliet 18:8). Det er meget vanskeligt at finde sand tro nu om stunder.

Apostelen Paulus, som ledte missionen med at prædike for ikke-jøderne, skrev kort før sin død et brev til Timotheus, hans spirituelle søn, som selv led under kætterske opdelinger og forfølgelser af de kristne.

"Jeg indskærper dig for Guds ansigt og for Kristus Jesus, der skal dømme de levende og døde, så sandt som han kommer synligt og opretter sit rige: Prædik ordet, stå frem i tide og utide, overbevis, irettesæt, forman, tålmodigt og med stadig undervisning! For der vil komme en tid, da folk ikke vil finde sig i den sunde lære, men skaffe sig lærere i massevis efter deres eget hoved, fordi det kildrer deres ører. De vil vende det døve øre til sandheden og slå sig på myter. Men du, hold altid hovedet koldt, bær dine lidelser, gør din gerning som evangelist og fuldfør din tjeneste! Mit blod skal snart udgydes, og tiden er inde, da jeg skal bryde op. Jeg har stridt den gode

strid, fuldført løbet og bevaret troen. Nu har jer retfærdighedens sejrskrans i vente, som Herren, den retfærdige dommer, på den dag vil give mig – og ikke mig alene, men alle dem, som har glædet sig til hans tilsynekomst" (Andet Timotheusbrev 4:1-8).

Hvis man håber på himlen og længes efter Herrens tilsynekomst, må man forsøge at leve i overensstemmelse med Guds ord og stride den gode strid. Apostelen Paulus frydede sig altid, selv om han led meget, mens han udbredte det gode budskab.

Derfor må vi også hellige vores hjerter og gøre vores pligt i endnu højere grad, end der forventes, for at behage Gud, sådan at vi kan dele den sande kærlighed til evig tid og være tæt ved Guds trone.

"Min Herre,
som kommer
i herlighedens skyer,
jeg længes efter den dag,
hvor du vil omfavne mig!
Ved din herlige trone
skal vi for evigt dele kærligheden,
som vi ikke kunne dele på jorden,
og sammen mindes fortiden.
Oh, jeg vil gå til det himmelske rige
med dans,
når Herren kalder mig!
Oh, himmelske rige!"

Dr. Jaerock Lee blev født i Muan, Jeonnam provinsen, i den koreanske republik i 1943. Da han var i tyverne, led han af en række uhelbredelige sygdomme syv år i træk, og ventede på døden uden håb om bedring. En dag i foråret 1974 tog hans søster ham dog med i kirke, og da han knælede for at bede, helbredte den Levende Gud straks alle hans sygdomme.

Fra det øjeblik, hvor Dr. Lee mødte den Levende Gud gennem denne vidunderlige oplevelse, elskede han Gud oprigtigt af hele sit hjerte, og i 1978 blev han kaldet som Guds tjener. Han bad indtrængende om klart at forstå og opfylde Guds vilje, og adlød alle Guds bud. I 1982 grundlagde han Manmin Centralkirke i Seoul, Korea, og siden da har utallige af Guds gerninger fundet sted i denne kirke, inklusiv mirakuløse helbredelser og undere.

I 1986 blev Dr. Lee ordineret som pastor ved den årlige forsamling for Jesu Sungkyul kirke i Korea, og fire år senere i 1990 begyndte hans prædikener at blive udsendt til Australien, Rusland, Filippinerne og mange andre steder gennem det Fjernøstlige Udsendelsesselskab, Asiatisk Udsendelsesstation og Washington Kristne Radio.

Tre år senere i 1993 blev Manmin Centralkirke placeret på Top 50 for kirker over hele verden af magasinet *Christian World* i USA, og Dr. Lee modtog et æresdoktorat i guddommelighed fra Fakulteter for Kristen Tro i Florida, USA, og i 1996 en Ph.D i præsteembede fra Kingsway Teologiske Seminar, Iowa, USA.

Siden 1993 har Dr. Lee været en førende person i verdensmissionen gennem mange oversøiske kampagner i USA, Tanzania, Argentina,

Uganda, Japan, Pakistan, Kenya, Filippinerne, Honduras, Indien, Rusland, Tyskland, Peru, Congo, Israel, og Estland og i 2002 blev han kaldt en "verdensomspændende pastor" af en større kristen avis i Korea på grund af hans mange oversøiske kampagner.

Siden Maj, 2017 har Manmin Centralkirke været en menighed med mere end 120.000 medlemmer. Der er 11.000 inden og udenrigs søsterkirker over hele kloden, og der er indtil videre udsendt mere end 102 missionærer til 23 lande, inklusiv USA, Rusland, Tyskland, Canada, Japan, Kina, Frankrig, Indien, Kenya og mange flere.

Indtil nu har Dr. Lee skrevet 108 bøger, blandt andet bestsellerne *En Smagsprøve på Det Evige Liv før Døden; Mit Liv, Min Tro (I) & (II); Budskabet fra Korset; Målet af Tro; Himlen I & II; Helved*e og *Guds Kraft* og hans værker er blevet oversat til mere end 76 sprog.

Hans kristne artikler er udsendt i *Hankook Ilbo, JoongAng Daily, Dong-A Ilbo, Chosun Ilbo, Seoul Shinmun, Kyunghyang Shinmun, The Korea Economic Daily, The Korea Herald, Shisa News* og *The Christian Press.*

Dr. Lee er for øjeblikket leder af mange missionsorganisationer og foreninger, blandt andet bestyrelsesformand for Jesus Kristus Forenede Hellighedskirke, Grundlægger og bestyrelsesformand for det Globale Kristne Netværk (GCN), Grundlægger og Bestyrelsesformand for Verdensnetværket af Kristne Læger (WCDN) og Grundlægger og Bestyrelsesformand for Manmin Internationale Seminar (MIS).

Himlen I

En detaljeret skitse af det prægtige liv som de himmelske borgere vil nyde, og en beskrivelse af forskellige niveauer af himmelske riger.

Budskabet fra Korset

En stærk vækkelsesbesked til alle menneske, som sover i spirituel forstand. I denne bog vil du se årsagen til, at Jesus er den eneste Frelser, og fornemme Guds sande kærlighed.

Helvede

En indtrængende besked til hele menneskeheden fra Gud, som ikke ønsker at en eneste sjæl skal falde i helvedes dyb! Du vil opdage en redegørelse, som aldrig før er blevet offentliggjort, over de barske realiteter i Hades og helvede.

Ånd, Sjæl og Krop I & II

Gennem en åndelig forståelse af ånd, sjæl og krop, som er menneskets komponenter, kan læserne få indblik i deres "selv" og opnå indsigt i selve livet. Denne bog viser læserne genvejen til at deltage i den guddommelige natur og få alle de velsignelser, som Gud har lovet.

Målet af Tro

Hvilken slags himmelsk bolig og hvilken slags krans og belønninger er blevet gjort klar i himlen? Denne bog giver visdom og vejledning til at måle sin tro, og kultivere den bedste og mest modne tro.

Vågn op, Israel

Hvorfor har Gud holdt øje med Israel fra verdens begyndelse indtil nu? Hvad er hans forsyn for de sidste dage for Israel, som venter på Messias?

Mit Liv, Min Tro I & II

En velduftende spirituel aroma, som er et ekstrakt af den uforlignelige kærlighed til Gud, som blomstrede op midt i mørke bølger, under det tungeste åg og i den dybeste fortvivlelse.

Guds Kraft

En essentiel vejledning, hvorved man kan opnå sand tro og opleve Guds forunderlige kraft. En bog, som må læses.